中華文藝復興與臺灣閩南文明

Chinese Renaissance
and the
Taiwan's Minnanese Civilization

魏　萼　著

文 史 哲 學 集 成
文史哲出版社印行

國家圖書館出版品預行編目資料

中華文藝復興與臺灣閩南文明 ＝ Chinese
Renaissance and the Taiwan's Minnanese
Civilization / 魏萼著. -- 初版. -- 臺北市：
文史哲,民 96.09
　頁:　公分. (文史哲學集成；534)
含參考書目
ISBN 978-957-549-742-2 (平裝)

1. 文化　2. 新儒學　3. 國民族　4. 臺灣
638　　　　　　　　　　　　　96019948

文史哲學集成　534

中華文藝復興與臺灣閩南文明

著　　者：魏　　　　　　　萼
出 版 者：文　史　哲　出　版　社
　　　　http://www.lapen.com.tw
登記證字號：行政院新聞局版臺業字五三三七號
發 行 人：彭　　　　正　　　　雄
發 行 所：文　史　哲　出　版　社
印 刷 者：文　史　哲　出　版　社
　　　　臺北市羅斯福路一段七十二巷四號
　　　　郵政劃撥帳號：一六一八〇一七五
　　　　電話886-2-23511028・傳真886-2-23965656

實價新臺幣三〇〇元
中 華 民 國 九 十 六 年 （2007） 十 月 初 版

ISBN 978-957-549-742-2

清除儒家文化中的垃圾（代序）

儒家思想在中國歷史的兩千多年來，它有功，也有過。儒家思想對於國家政治的穩定，社會的穩定和經濟的穩定等有正面的意義。然而儒家思想在實踐的過程中有時難免產生了違反自由、民主、人權、法治甚至於科學的現象，這當然不利於中國的現代化。

儒家思想培養了不少「偽君子」和「特權階級」。儒學重視人格修養和忠君愛國的思想，這個本意極為善良與正確，但是由於曲高和寡，經常流於空談和陽奉陰為的現象。儒家思想也經常成為偽善者的溫床，甚至淪為「惡棍」的遮羞布。這表面上是愛國的，事實上是自私的。

儒家思想的本意是要做到「內聖」與「外王」，其具體的意義不僅要重視「獨善其身」，也要「兼善天下」。顯然的，它的「入世」的價值觀相當重大。它更不是僅僅止於「無病呻吟」學院派的理論探討而已。儒學也經常被一些學閥、學霸壟斷其解釋權，而這些儒生也因此變成了社會上神聖不可侵犯的「新階級」。此貽害國家社會至深且遠。

在臺灣的哲學文化界或許常有所謂「托拉斯」或「卡泰爾」的寡占現象。這種有世襲性格的臺灣文化封建主義是學術界一大弊病，也是阻礙臺灣學術發展的一個特色，這也是傳統腐朽儒學的一個表徵。在這種文化垢病中的陰影是弟子

似不如師，師似賢於弟子，因而青出於藍乃是一大忌；如此何來「吾愛吾師更愛眞理」的學術生命力呢？其實這種文史哲學術封建主義已失去儒家學術價值多元化百家爭鳴的學術本質。

這些富有排它性的所謂儒者，其實已違背了富有「包容性」的儒家內涵。世俗儒家的「士」乃四民之首。今日之「士」應擴大範圍，這應包括科技、醫療、工商等知識份子在內。但是狹義的士乃是所謂的文史哲等的研究者；這些人曾被社會所重視。惟其中不乏養尊處優的不務生產者，但他們卻被在所謂學而優則仕的歪風之下，成爲社會的寵兒。特別是在「君貴民輕」的世俗、現實環境中成爲社會的新階級。

中國儒生們還有一個弊病是重農輕商。儒家思想源自農業社會的安土重遷，這種保守主義的漏習卻會阻礙了中國經濟發展，尤其無法與時俱進的來發展工商業。「鹽鐵論」中的儒生們動不動就說往日的驕傲，似乎強調並留戀著過去的心理，缺乏往前看的目光。此對於經濟發展改變環境的積極性是欠缺的。

儒家文化圈的大本營在中國，若要想打倒孔家店？這是不對，也不可能的。但是中國儒家思想與封建主義是分不開的，這確實令人疑慮。中國的儒家思想甚具保守性，這不如日本版的儒家思想。日本儒家思想比較柔軟性，它能夠與外來的優勢文化相結合，形成國家現代化的生命力。臺灣的儒家思想也多少富有這個動力。鴉片戰後中國儒家思想的保守主義甚囂塵上，這是儒家思想的「黑暗時期」。「五四運動」中部份知識份子高喊「打倒孔家店」，並且主張「全盤西化」，這是一時的衝動的所喊出的口號，這也是知識份子的良心和

使命。這些知識份子的主張甚值同情但我們不能認同。

我們的主張是要批判這個兩千多年來賣假貨的「孔家店」，但是不能否定「孔家店」。因此我們則主張「打醒孔家店」，並且強調「大膽西化」的重要性。另外我們也要提出「不做中國古代思想的奴隸，也不做外來西方文化的殖民地」。其要旨是要做到「洋為中用」，「古為今用」，「與時俱進」的儒家思想基本要義。

市場經濟不是萬能，可是沒有市場經濟卻是萬萬不能；政府經濟絕對不是萬能，可是沒有政府的經濟亦是不能。惟有「藏富於民」，才能「民富國強」，因此一個小而有效率的政府和一個大而有活力的市場正是儒家經濟思想的內容。因此它不是資本主義，也不是社會主義。資本主義缺乏人道的本質不是儒家思想的產物，社會主義缺乏人性的本質亦不是儒家思想的產物。儒家經濟思想的真傳乃是孫中山先生的民生主義。它兼俱了人性主義和人道主義的雙重特性。

孫中山先生的經濟思想兼俱經濟發展和社會正義的雙重目標。前者是求富，後者是求均。孫中山經濟思想的具體策略是民生主義。民生主義的思想與馬克斯思想中的人道主義、人性主義、人本主義是可以相融合的。具體的說，孫中山思想，儒家思想、馬克斯思想等昇可以說是三位一體的；孫中山思想雖然不贊成馬克斯的方法，但是可接受馬克斯思想的。這也要將孫中山思想重新給予定位和定向的。同理也要將馬克斯思想給予正確定位。其中最主要的是儒家思想為主軸的中華文藝復興了。

中華文藝復興是儒家思想的再生，不是儒家思想的復古。這正如西方十五世紀以後的文藝復興。西方文藝後是希

臘、羅馬、希伯來等文化的再生，它是此後西方文明的生命力和動力。它帶來今日西歐、北美的現代化和文明。今日的東方文藝復興乃是孔孟思想的再生，這將在二十一世紀大放光芒。中國的儒家思想在此關鍵的時代中不能缺席，這不能獨讓日本專美於前。準此，臺灣、香港和泛珠海等三角地區的功能日益突顯。

　　臺灣的歷史與地理特質所衍生的新文化是一個獨特。臺灣的儒家文化是中華文化中的重鎮。歷經荷蘭人、西班牙人，明鄭及清季的中國人、日本人，尤其是戰後國民黨人和民進黨人的統治。它是中華大陸文明與西方海洋文明的大結合，當然有其特色。這個文化特點在香港與泛珠海地區也有此優勢，但彼此均有不同。其中以臺灣最令世人的重視。

　　臺灣是閩南文化的最重鎮。臺灣的閩南人已超過一千七百萬人，是中華「閩南文化圈」中人口最多的地方。閩南文化本是中華文化的一支。它在未來以「中國文化振興中華」，「以民主政治再造中國」，「以市場經濟重建大陸」等角色日益重要。從臺灣文化出發，向全球接軌中的自由、民主、人權、法治、科技、環保等的普世文明，在這一方面，臺灣最為凸顯。

魏　萼謹識於臺北、臺灣
二〇〇七年八月

中華文藝復興與臺灣閩南文明

目　錄

圖右：吳樹青先生，北京大學經濟系教授，曾任北京大學校長。
授予作者北京大學客座教授稱號。

圖右：胡福明先生，南京大學哲學系教授，曾任江蘇社會科學
院院長。他是「實踐乃是檢驗真理的唯一標準」的原始作者。
他與作者暢談鄧小平的治國之道。

圖左：鄧小平先生，是百年來中國巨變中的偉人，他曾「一言興邦」改變了中國的面貌。他也向作者敍述「中國文化與中國經濟」的看法。

（資料來源：美國史丹佛大學胡佛研究所當代中國檔案室）

第一章 新「新儒家」的精義、
釋疑與實踐
—— 中華文化的文藝復興

儒家思想的本質富有整合性、持續性、創新性，它應俱有「一以貫之」、「與時俱進」，「本土化」的意義。儒家思想是「入世的」，因此要與國家現代化的觀念與實踐相結合。儒學的研究也要與西方文化相融合的，它不做中國古代思想的奴隸，也不做西方文化的殖民地。儒學不僅僅是某些儒生的專利品，它要去除腐朽；它要與人文科學、社會科學、自然科學、管理科學、科學技術等等相互為用，以從事於國家的現代化。

儒學、新儒學、現代儒學、香港新儒學等等學術思想均有其時代意義。新「新儒學」認為「五四運動」不應要打倒「孔家店」，而是要打醒「孔家店」，它強調東西文化之間的平行性、相通性、相似性，所以中國的現代化雖然不等於西化，但是可以傾向於西化。

中華文化是多元文化的融合體，中華民族是多元民族的融合體，中華宗教也是多元宗教的融合體。這是「多元一體」，也是「一體多元」的意義。中華文化富有包容性，他不但是儒、道、法、墨、兵、農、陰陽等文化的「融合體」，亦是西方外來佛教文化、伊斯蘭教文化、基督教文化等的「複合體」。

中華文化的包容性，這與西方基督教、伊斯蘭教等文化多少有排他性是有本質上的不同。

中華文化融合了東西方文化，而以孔子儒家思想爲主軸；這正如一個交響樂團，它有東方中國音樂，也有西方外來音樂。這個交響樂團是和諧，也是多元一體的，然而此交響樂團的指揮者乃是儒家思想。

中華文化始自伏羲氏，歷經七、八千年以至於今日，其基本精神一以貫之、與時俱進、本土化；其在過程中難免產生了中華文化的量變與質變，進而產生了中華文化的腐朽。於是有了中華文化文藝復興的必要性與必然性。中華文化的文藝復興不是中華文化的復古，而是中華文化的再生。其中尋找孔孟儒家文化基本要義的重要性自可不言而喻。一九一九年「五四運動」曾主張「全盤西化」，這個看法不足取。但是兩千多年來儒家思想所產生的腐朽應予根除，是乃有「打醒孔家店」的主張。此眞正的本意是要回歸「尊孔敬儒」的本質。

第一節　新「新儒家」的精義

一、儒學、新儒學與新新儒學

儒家思想最大的特色是它具有整合性、持續性和創新性，因此它有「一以貫之」和「與時俱進」的思想體系。[1]西

---

1 湯一介，於二〇〇四年八月二十日，在上海社會科學院主辦第一屆《世界中國論壇》國際學術研討會中的評論。

漢董仲舒獨尊孔子，因而排拙百家，他首尊稱孔子爲儒者；其實，周公的思想體系，亦俱儒家的精神與本質。孔儒整合了堯、舜、禹等先王歷朝歷代思想以及文武周公等文化、文明的精髓所在，「一以貫之」並且「與時俱進」；董仲舒亦復如此，他整合了先秦九流十家的思想體系，持續了中華文化的傳統，並且歸納出董仲舒的儒學。雖然董仲舒的儒學不能被視爲文化道統，但它確實是文化傳統的代表；說得具體一些，它或許不能被視爲「文化中國」的傳承，但他可謂「中國文化」的一個表徵。

儒家思想經過了中世紀中國魏晉南北朝隋唐道教和佛教思想文化的衝擊之後，宋明理學又以嶄新的姿態呈現出來，它亦是整合先聖先賢的思想體系，特別融入了道、佛等文化思想的精髓所在「一以貫之」、「與時俱進」而成爲宋明理學之新儒學（Neo-Confucianism）的時代意義。新儒學有其表性，也是當時的時代產物。明末清初的儒學頗富有實踐性的啓蒙思想，顧亭林、黃梨洲、王夫之、顏元等思想也是當時的時代產物，然而戴震、惠棟等所代表的清儒至具價值，因爲他們思想觀念的務實性，立下了中國文化「入世」的現代化基石。[2]

清末民國初年，由於鴉片戰爭以後面對外來西方文化的挑戰，國人民族主義強烈，致使儒家文化保守主義聲勢必然高漲，這是儒學發展的「黑暗時期」。一九一九年陳獨秀、胡適之等的「五四運動」新文化潮流的呈現，這也是歷史發展

---

2 魏萼，《新「新儒家」的釋疑》，《新儒、新新儒》（東西文化與國際社會的融合），文史哲出版社，台北，二〇〇二年，第六十一頁至八十九頁。

的必然。一九一九年「五四運動」至一九四九年十月一日「新中國」的誕生，這一個時期是「現代儒學」的第一階段，而一九七八年鄧小平改革開放政策以後的中國，乃是「現代儒學」的第二階段。第一階段現代儒學與第二階段現代儒學主要的區別是馬列主義思想的角色與功能。一九四九年至一九九七年間，一群知識份子有鑑於台灣與中國大陸彼此在儒學的研究均有意識形態的拘絆，於是有香港新儒學（Hong Kong New Confucianism）的產生，這個學風的代表性人物有唐君毅、徐復觀，牟宗三等人，其影響了港、台以及海外等地區的儒學研究，甚有價值。一九九七年香港回歸中國之後，香港新儒學的階段性學風於焉完成。逐有重視儒家思想的「入世」觀與實踐性，使其與國家現代化相結合的思想，這就是新新儒學（New Neo-Confucianism）的衍起；新新儒家亦即儒家新教，這可與西方一五一七年馬丁·路德（Martin Luthern）基督教「宗教改革」以後的「基督新教」相媲美。後者創造西方的產業革命，前者創造了東方的產業革命。戰後亞太「四小龍」以及日本經濟發展的傑出表現，可見端倪；一九七八年以後的中國大陸經濟發展的奇蹟更是難能可貴，這與「儒家新教」息息相關。戰後亞太地區的經濟現代化發展過程，可謂「儒家新教」的觀察階段，一九九七年以後以至目前乃是「儒家新教」的發展階段，也是儒家文化的新啓蒙時期，這有待進一步的觀察與探討。[3]可是毋庸置疑的是西方「基督新教」是從神學與宗教為基礎的科際整合，而「儒家新教」是從哲學與倫理為基礎的科際整合。「儒家新教」是

---

3 同注 2。

新新儒學的理論基礎,新新儒家是「儒家新教」的實踐意義。因爲新新儒學著重於東西方「文化精髓」儒學的整合性,穩住於中國「一以貫之」儒學的持續性,迎合於世界「與時俱進」儒學的創新性。因此希望能在潺潺滾滾的中國歷史長河以及浩浩蕩蕩的世界時代巨輪中找到接合點,這就是中國的「本土性」和世界的「全球性」的融和體。具體言之,它富有「古爲今用」和「洋爲中用」的時代意義。

二、新新儒學的定位

儒教不是宗教,它應具有一個入世、務實的思想體系和道德規範,應沒有受到任何意識形態的拘絆或污染才是,並且持有修身、齊家、治國、平天下等「內聖外王」的理念。因此儒學可以與人文科學、社會科學、管理科學、自然科學以及科學技術等相結合的。但是事實上儒學經常被政治或社會世俗化,因此儒學經常成爲國家現代化的袍袱,因爲它已經失去了「與時俱進」的生命力。儒生們經常懷念看過去堯舜禹等先王的豐功偉業,缺乏有往前看的視野,如此何來國家現代化的動力呢?儒生們重本抑末(重農輕商)以及反科技、反工藝等的落伍觀念一旦不根除,那國家豈會有「民富國強」的道理呢?儒生們經常故弄玄虛,把儒學變成高不可攀的大學問,遠離現實甚至於被少數假儒學僞君子等之人士所把持,把儒學淪入了這些「新階級」玩弄的專利品,進而陷儒學遠離國家現代化於不義。這些所謂儒生已經完全違背了儒學的本質。儒學曾被誤以爲缺乏資本主義市場經濟的精神,這並非儒學的本意,此爲某些假儒生觀念行爲之偏差所致。

　　另外，歷來儒學與科舉制度相結合也是一個大問題。[4]儒學修身、齊家、治國、平天下等的大道理與八股取士相提並論，因爲陳義過高，往往造成儒生或官吏們口是心非、言不從心的違心之論，其缺乏實事求是，解放思想的精神，也影響了國家邁向市場經濟與現代化的動力。[5]中國歷史悠久、文化豐富、地大物博等傲視天下，自古以來以「天下」自居之，認爲中國即天下，天下即是中國。中國人太驕傲了，這也使中國失去繼續奮鬥向上的本能。[6]中國是以漢文化爲中心的民族，視其四周乃是蠻夷戎狄之邦。中國文化與文明一向高於四周的諸民族，可是根本上忽略了世界其他地區優秀而豐富的民族與文化，例如希臘、羅馬、阿拉伯等的文化。其實中國只是世界的一部份，中國文化也只是世界文化的一部份；中國等於世界（天下）的錯誤觀念，這多少與儒生們故步自封、妄自尊大有了密切關係。一八四〇年鴉片戰爭之後，中國人夜郎自大的民族主義更有變本加厲的跡象，義和團便是最具體的例子。這也是儒家思想的病態產物，也是中國歷史上儒學文化的「黑暗時期」 ── 激情的儒教民族主義。當時的儒學保守主義盛行，曾國藩、李鴻章等有志之士也難免成爲衛道之士，康有爲、梁啓超等知識界精英也只好成爲保皇派的代表性人物，一八九七年張之洞「勸學篇」提出了「中學爲體、西學爲用」的思維方式也是這個時代的產物；但這

---

4 依田憙家著，卞立強、嚴立賢、葉坦、蔣岩松等譯，《日中兩國近代化比較研究》，上海遠東出版社，上海，二〇〇三年，第二十四頁至二十六頁。
5 同前注，第三十頁至四十三頁。
6 季塔連科（Mikhail Titarenko），《中俄文化對話中俄國漢學的因素》第一屆《世界中國學論壇》，上海社會科學院，上海，二〇〇四年八月二十日。

已難能可貴。這個時期，儒學的研究者難免重蹈保守主義的覆轍，成為中國古代思想的奴隸，甚至於某些儒學研究者成為儒家思想大漢沙文主義的狂夫。物極必反，一九一九年「五四運動」遂有「打倒孔家店」之呼聲。其實胡適之先生等人應該不是要「打倒孔家店」，真正的意義是要「打醒孔家店」。[7]其真正的目的是要國人知識份子重視西方自由主義的思想，主張中西文化交流，放棄儒學的沙文主義，使儒學能夠「與時俱進」，以吸收西方的文化與文明，進而使儒學產出新的生命力。西方世界經過近千年的基督教「黑暗時期」，從十五世紀以後的文藝後興，宗教改革、產業革命，啓蒙運動等等現代化的進程，已把西歐，北美等地脫胎換骨，成為世界現代化文化與文明的典範，這是中國儒家思想要認真徹底檢討的。中國人太驕傲了，「天下即中國，中國即天下」的觀念必需徹底重新定位。實驗乃是檢驗真理的唯一標準，中國人如何「消化西方思想」，用以「深化中國思想」，這就是中國「黃土文化」必需接受、融合西方「藍色文化」的道理。[8]

三、中國現代化與西化

戰後東亞儒家文化圈的日本、韓國、台灣、香港、新加坡以及一九七八年以後的中國大陸，其經濟發展成績亮麗，這與西方藍色文化，文明有著密切的關係。主要的是這些地區很理性的接受西方資本主義市場經濟的思想與觀念，積極推動其經濟發展，這包括對外貿易與外來資本在內。上述地

---

7 肯定儒學的普世價值，它俱有「一以貫之」、「與時俱進」和「本土化」的意義，但是在實踐上經常有意識形態的束縛。
8 魏萼，《國國富論》(經濟中國的第三隻手)，時報文化事業出版公司，台北，二〇〇〇年。

區除了日本與中國大陸以外，皆曾經是殖民地，這對於吸收外來文化比較容易；中國大陸則因鄧小平的治國方向正確，採取了改革與開放政策，造成了此後中國大陸經濟發展奇蹟，其經濟發展成果已令世人刮目相看。這或許是二十一世紀中國人頂天立地，有尊嚴地站起來了的重要依據。中國儒家文化吸收西方文化導致國家富裕的例子有如漢代、唐代的陸上絲路，宋代、明代的海上絲路等等皆是中西文化交流的具體表現。

儒家思想的大本營是中國中原，它有強烈的中國本土性。因此在中國的儒家思想難免有排它性，這與日本完全不同。在日本，因為儒家思想是外來的，所以日本人可以很理性的對待儒家思想；在吸收西方文化方面，日本就比較容易接受。這一方面日本的儒學也能夠很理性的日本本土化，這已融和了佛教和道教以及日本本土神道教而形成富有日本特色的武士道文化。日本在江戶末期已經很理性的吸收了不少西方文化，這與後來的日本明治維新有著密切的關係。如今日本已是全世界第二大經濟強國。[9]

在中國，就沒有這麼幸運了，儒家思想無法實事求是，解放思想，於是保守主義橫行。在中國，所謂的保守主義與愛國主義經常劃等號的。其實這種非理性的愛國主義往往變成誤國主義，使中國遠離富強，遠離現代化。這是一些儒者與中國士大夫有些觀念是影響中國現代化的禍因。儒家思想有時被某些儒者壟斷了解釋權，甚少面對現實、落實於國家經濟發展的政策中，特別是忽略了市場經濟的主力，讓利潤

---

9 依田憙家，同註 4，第二○二頁至二○九頁。

的功能無法得以自由發展；在重義輕利，重農抑商錯誤觀念
的指引下，中國市場經濟甚難有所發展，尤其是重視「平均」
財產的概念，平分遺產的傳統文化更使資本主義的發展產生
了巨大的困難。宋明理學之「去人欲、存天理」的概念或許
有其時空的意義，但是這種理學長久以來已扼殺了中國經濟
的發展。儒學本來就是理學，但是理學家萬萬不可「以理殺
人」，甚至於「以理誤國」。儒學者主張情慾乃在天理當中，
這個正確的看法進而有時被認為是反理學的，這合理嗎？西
方學者亞當，史密斯（Adam Smith）的「國富論」中指出企
業利潤是經濟發展的「一隻看不見的手」，這是資本主義市場
經濟的基礎。中國經濟思想始自五千年前的伏羲、神農，基
本上也是重視市場經濟，私有財產制度的精神，而以「藏富
於民」為主軸。舉凡有關中國經濟思想史，例如管子的「輕
重論」，司馬遷的「善因論」，桑弘羊與儒生們的「鹽鐵論」
等等皆尊重私有財產制度和市場經濟的本質，雖然它們所主
張的政府經濟的功能有所軒輊。[10]西方經濟思想亦重視私有
財產制度和市場經濟的重要性，它們基本上強調最少的政府
乃是最好的政府，而中國經濟思想家則強調適度的政府乃是
最好的政府，當中市場經濟的本質中外卻是一致的。其實不
僅如此，民主政治的本質，中外也是一致的。不過中國的市
場經濟與民主政治等是要慢慢培養而來，不是急速外來移植
的。東方與西方現代化的方向是一致的，但不是共同的。所
以中國的現代化雖然不等於西化，卻是趨向西化的；它雖然
學習西方文化，但是絕對不做西方文化的殖民地；當然的，

---

10 魏萼，《經濟全球化與現代儒學》，第一屆《世界中國學論壇》，上海
社會科學院，上海，二〇〇四年八月二十日。

它不做西方盎格魯，薩克遜（anglo-saxom）西方主義的幫凶。
不過大膽的西化，在中國現代化的方向上，應是正確的。

四、打醒孔家店乎？打倒孔家店乎？

　　「文化中國」是承續中華文化道統，「中國文化」是延續
中華文化的傳統。中華文化的道統是「一以貫之」與「與時
俱進」的中道思想，中華文化的傳統則是中華文化道統的本
土化。儒學也是如此，它也有本土化的問題。日儒、韓儒、
越儒和新加坡儒學等皆有特色，何況中國儒學亦有地方性的
差異，例如吳儒、閩儒、客儒、台儒、港澳儒等，這是儒學
本土化的必然性。儒學本非日本的產物，日本人比較理性對
待儒學，它與西方思想一樣被視爲外來品，對於外來文化比
較能理性的對待與取捨。韓儒則有不同，韓國人對於儒學的
態度呈現兩極化，一則視同本土產物的保守主義觀，另一則
視爲外來產物的排它主義觀，因此韓國國內卻一直有東西文
化衝突的現象。越儒是越南社會穩定的基石，長期以來越儒
遭受到佛教、基督教、天主教以及南洋多元文化的影響與融
合，始終屹立不搖成爲越南文化的主流；新加坡儒學也是新
加坡的主流文化，擁有近百分之八十的新加坡華人人口，儒
學在新加坡的生命力甚爲旺盛，它在新加坡富有理性獨特的
作用。雖然「李光耀儒學」在新加坡比較有保守主義的傾向，
惟因經濟基礎優越，現代化程度高，所以它也比較能夠與西
方文化不斷的理性融合。

　　儒學與漢民族文化息息相關，隨著歷代中國的戰亂頻
仍，於是衣冠南渡。魏晉南北朝以後漢民族與四周的各族民
族不斷融合之後，彼此之間都是漢民族自居，這是因爲儒家

文化的認同與融合，但是他們之間血統是有差異的很大的，尤其是長江南北。因此儒學之區域性差異始終是存在的。例如吳儒比較傾向於務實入世，有利於整體市場經濟發展；閩儒傾向於耐勞與進取，有利於海外創業與投資，台儒傾向於居安思危，有利於中小家庭企業的經營；粵儒、客儒與閩儒略同。[11]其他地區的儒學本土化傾向有待進一步學術性的探討。新新儒學強調儒學的「一以貫之」與「與時俱進」之外，也重視各地區儒學的「本土化」現象與實用性。因此新「新儒學」不但不做中國古代思想的奴隸，亦不做西方文化的殖民地；它不是要「打倒孔家店」而是要「打醒孔家店」。

第二節　新「新儒家」釋疑

一、新亞文化精神的精義

（一）從新亞文化的意義談起

一九四九年中國歷史發生了巨變，中國文化也面臨了一個極為嚴竣的挑戰。一九五○年代，一群儒者如錢穆等人為了拯救此一危機，在香港成立了新亞書院，這是一個大形勢的關鍵時刻。新亞書院迄今已超過五十年華，到了一八九七年七月一日香港回歸祖國為止，這一個階段性任務似已完成。[12]香港新亞書院成立伊始，物質條件當然非常欠缺，但

---

11 閩粵文化是漢越文化的結合，宋朝以後已成定型，此文化的特質頗有猶太文化的性質，有利於在海外生存與冒險創業。

12 金耀基，〈成立錢賓四先生學術文化講座〉，《大學之理念》，牛津出版社，香港，二○○一年，第九十三頁至九十八頁；同時也請參閱余英時，〈新亞精神與中國文化〉，《中國時報》，台北，二○○○年十月二

這些有識之士的儒生並沒有向塊實低頭稱臣，反而愈戰愈奮地延續了中國文化的命脈。一九六三年新亞書院併入中文大學是乃一個新的階段。新亞文化力求中國文化的精髓所在；新亞精神試圖融合中西方文化精華於一體，因此不是排斥外來文化。排他性、抗他性的文化不是中國文化的本質。清末義和團式的國粹主義文化已喪失中國文化的基本精神，因爲它已否定了中國文化的本質。民國初年的儒者劉師培、嚴復等人富有民族主義，但多少偏向於守舊，這莫非源自鴉片戰爭以後中國人民族自尊心喪失的自然反映，這是儒家文化的一個「黑暗時期」。這些都不是中國儒家文化的本質。[13]

　　香港地方有其特色，並且受到英國人有效的統治，它的歷史與地理特色可以很客觀的吸收中西文化的精華，因此它也有能力融合中西方文化的優勢，而形成一股新文化的動力，這就是新亞文化精神誕生的自然因素。新亞文化在香港能夠很客觀的擺脫「大漢沙文主義」的中國文化，而且很自然的會以理性的思維方式來清除中國文化的殘渣，進而形成一股「文化中國」的新生命力。因此新亞文化的基本精神是迎合西方時代的潮流的一些歐美新價值觀，特別是用於重新評估儒家權威主義、集體主義的薄弱性、劣根性，同時重新以西方自由、民主、人權、法治的新思維以充實之。其實新亞文化的基本精神是回歸中國文化的基本要義，重新肯定中國文化的道統。以香港新亞精神爲主要的新儒家是要找回儒

十四日第三十七版。亦可參閱魏萼，〈經濟全球化與新新儒家〉，《二十一世紀：東亞文化與國際社會》，當代世界出版社，北京，二〇〇二年，第十頁至三十三頁。

13 魏萼，謝幼田，《中國政治文化史論》(1911-1949)，五南文化出版社，台北，一九九六年，第十三頁至十四頁。

家思想的基本精神,而不是要拿世俗的、膚淺的異化儒家思想爲圭臬。儒家思想的理學要尋找東西方精華文化爲主軸,它不偏向資本主義的人性主義,也不偏向社會主義的人道主義,它是允執其中的人本主義或人文主義,因爲它要溝通世界東西文化並擷取其精華,貢獻人類;這正是新亞文化精神的要義。[14]新亞文化的精神是重新拾回國粹而不是反國粹,因此國粹的儒家思想充分表現在魯迅的「拿來主義」,也是孫文主義的要旨。東西文化各有其精華所在,其中也有不適合於國情的西方文化,但如何做到恰到好處的「洋爲中用」,誠然不是一件很容易的事。戰後五十幾年來的日本經驗確實可以借鏡;日本明治維新的「和魂洋才」乃是巧妙實用魯迅「拿來主義」精神的儒家文化圈中的具體板樣[15]。今日儒學之研究者要持有撥亂反正的衛道精神,而不是同流合污、人云亦云、一錯再錯的淪爲狹隘民族主義的圈套。新儒家的思想曾爲東西文化的溝通給予重新定位,這誠如近代十五世紀以後西方的文藝復興。何況儒家思想並非僅止於文化與思想,它還要有實踐的意義。儒者的本質是要達到修身、齊家、治國、平天下的一貫目標,它既要「內聖」的境界,也要做到己立而立人、己達而達人的「外王」功夫。但是儒者的通病是只能做到某些「內聖」,尚難達到「外王」。明末清初大儒者顧亭林批評士大夫之恥乃是國恥,此非僅指中世紀中國魏晉南

---

14 成中英,《中國哲學的現代化與世界化》,聯經出版社,一九八五年,台北,第二十一頁至一〇一頁。另同注 12。

15 魯迅,〈拿來論〉,《魯迅選集》(第四卷),人民文學出版社,北京,一九九九五年,第二十八頁至三十二頁;該篇短文最初發表於一九三四年六月七日《中華日報·動向》,署名霍沖;另可參閱宇野重昭,〈日本對多元文化世界的靠近 —— 普遍性與獨特性〉《二十一世紀:東亞文化與國際社會》,當代世界出版社,北京,二〇〇二年,第一二七頁至一三二頁。

北朝知識份子「清談」老莊，也暗指宋明知識份子「空談」
孔孟。還有一些儒者當其在野時執意批評時政，他憂國憂民
以天下國家爲己任，置個人死生於度外，一旦他翻身一變其
在朝爲官時則比一般人更官僚、推諉塞責。這是一般中國知
識份子的通病。還有一些知識份子則是董仲舒「正其誼不謀
其利，明其道不計其功」的實踐者，如此曲高和寡、消極的
遠離功利，何以做到爲人民、爲社會、爲國家有所貢獻呢？
這正是我們支持功利主義儒家思想的道理。

（二）「新」新儒家的特色

若不與時俱進，儒家、新儒家的時代意義則均將過去。
在這廿一世紀裡，儒學的發展要結合人文科學、社會科學、
自然科學、管理科學以及現代化的科技等學問；它是「入世」
的功利主義儒學。[16]那些無病呻吟、矯揉造作、裝模作樣、
沽名釣譽、自欺欺人、劃地自限、和自我膨脹的清談和空談
的儒者必需驚醒過來，投入於推動國家現代化的行列，使中
國人有尊嚴的、頂天立地的站起來。

這是「新」新儒家的價值觀；因此「新」新儒家必須擁
抱國際，走向國際，並且貢獻國際。「新」新儒家亦可稱之爲
儒家新教，它與一五一七年馬丁・路德（Martin Luther,
1483-1546）西歐宗教改革以後的基督新教在推動國家現代化
的意義是相同的；惟基督新教富有宗教文化的意義，而儒家
新教則強調倫理文化的價值觀；彼此是相通而不相同。[17]基督

---

16 田浩著，姜長蘇譯，《功利主義儒家 —— 陳亮對朱熹的挑戰》（海外中
   國研究叢書），江蘇人民出版社，南京，一九九七年，第四十九頁至
   八十二頁。另請參閱林安梧，《儒學與中國傳統社會之哲學省察》，幼
   獅出版社，台北，一九九六年，第二六五頁至二六九頁。
17 魏萼，《中國國富論》（經濟中國的第三隻手），時報出版社，台北，
   二〇〇〇年，第二六三頁至二八五頁。

新教對於近代西歐、北美現代化的啟蒙意義貢獻至大。見賢思齊，這是我們推廣新「新儒家」的主要目的和歷史文化意義。中國亦需要宗教改革，尤其是道教文化的重新定位。道教文化、儒家文化、佛教文化等三者互為相通、相融。由於上述三者文化區域的歷史地理背景互異，因為時代與環境的不斷變遷，道、佛、儒文化在各地難免有異化的現象，我們應該尊重各地區變遷的道、佛、儒文化特色；惟因道教邪教林立，令人擔憂。就以經濟發展的優劣為例，小乘佛教盛行的東南亞地區其經濟發展無法與大乘佛教為主要的東北亞地區相比，這顯然與目前北美、西歐等地的基督新教經濟發展優於拉丁美洲、南歐等地天主教地區的情況相似。這些對照甚為明顯。[18]顯然的，道、儒、釋文化經濟圈的東方社會亟需宗教改革，尤其是中國道教的迷信、反科學等的宗教改革。當然的，藏傳佛教從一四○○年起格魯派的宗喀巴式黃教，已經經歷六百多年亦需宗教改革，否則無法拯救西藏的經濟與人權。[19]

　　伊斯蘭教的宗教改革呢？當然不能例外。伊斯蘭教文化圈從第七世紀到第十二世紀，曾經有過輝煌的歷史經驗，由於十字軍東征和蒙古西征的殘酷史實，使伊斯蘭教文化變了質，雖然歷經了七個多世紀的伊斯蘭教「黑暗時期」（異化的文化），這仍將造成二十一世紀世界文化大衝突。二○○一年九月十一日所發生的美國紐約雙子星世貿大樓撞機事件已充分預測激情的伊斯蘭教教義乃是二十一世紀恐怖主義的主要

---

18 同前注，第二十三頁至二十四頁；另可參閱黃心川，〈亞洲價值觀與東西方精神文明交融〉，《二十一世紀：東亞文化與國際社會》，當代世界出版社，北京，二○○二年，第五至十頁。
19 同前注，第三八一頁至三九五頁。

來源。

　　二十世紀裡世界文明的走向也已證明了西方資本主義的
沒落和共產主義的崩潰。本世紀儒家文化圈的崛起是必然
的，而中國人的角色更會引起世人的關注，惟二十一世紀仍
非中國人的世紀。中國領導人江澤民先生所提出的「以德治
國思維方式特別重要」。[20]子曰：「故遠方不服，則修文德以
來之，既來之，則安之」，「天下有道，則政不在大夫；天下
有道，則庶人不議。」[21]中國歷史上若以儒家德治的王道精
神來治國，所得到的是文治武功兼備的太平盛世朝代，它們
是周朝文王武王的「文武盛世」，漢朝的文帝景帝的「文景之
治」，唐太宗時期的「貞觀之治」，以及清朝的康熙、雍正、
乾隆等三代的大清王朝盛世。周代、漢代、唐代、清代等開
朝聖君基本上皆是以王道治國，其得來的太平盛世名不虛
傳。而秦朝、隋朝、元朝等的霸道治國只能得逞於一時，無
法太平於永遠，所以秦代、隋代、元代等皆是短命的霸權帝
國。唐太宗有言，「馬上得天下而不能以馬上治天下」，這是
有其道理的。所以他亦說「社稷一戎衣，文章千古事」；「霸
道」的打天下是一時的，「王道」的治天下才是永遠的。[22]這
裡我們不能不再提及鄧小平於一九七八年在中共「十一屆三
中全會」以後改革與開放政策方向的正確性。這是「治天下」

20　中共總書記江澤民於二○○一年七月一日中共建黨八十週年講話內
　　容。另可參閱江澤民於二○○一年十二月十八日，中國文學藝術界聯
　　合會第七次全國代表大會，中國作家協會第六次全國代表大會有關講
　　話。
21　朱熹（宋），〈論語．季氏〉，《四書集註》，臺灣書局印行，台北，一
　　九六○年，第一三七頁至一三八頁。
22　同注 13，第四頁至十二頁。唐代的中央政府組織比漢朝進步；此外，
　　唐代任何人通過考試即可升官，但明、清，則必須在京師考進士、入
　　翰林院才可以，一般的舉人、秀才只能做小官。

的具體表現，此將永垂青史。另外，漢初以和親的方式對待匈奴則天下治，唐太宗以和親的方式對待吐蕃，而康熙以和親的方式對待蒙古等等德治與王道思想皆成為中國歷史上的佳話。此外滿清康熙政府以後對回民的鎮壓，已造成了清朝的回亂，也可殷鑑[23]。凡此在在證明江澤民「以德治國」的時代意義，這與新「新儒家」的學術思想不謀而合。

「以德治國」即「以儒治國」為主要的意義。中國歷史上或許有對外侵的史實，例如漢武帝在位四十八年，他打了匈奴四十二年，這並非儒家文化治國所樂見的，但當時漢武帝攻打匈奴多少也是被動的；漢武帝也許不得不如此，其實漢武帝若能效法「文景之治」以德服人，號召匈奴來歸或以儒家文化來融合匈奴的草原文化，則更是高明。所以說漢武帝時代所謂獨尊儒術，此說法並非完全正確，因為他多少把儒家思想異化了。此外，唐太宗曾攻打朝鮮也是儒家文化異化現象的另一例證。

儒家文化有其包融性，它可吸收外來優勢的文化，這與基督教文化、猶太教文化、天主教文化、伊斯蘭教文化等這些宗教文化多少有排他性有基本的不同。還有它與其他東方的佛教文化、印度教文化等重視慈悲性的本質亦有些差別；因為儒家思想以人為本位的人本主義、人文思想是可以結合人道主義和人性主義於一體的。準此，儒家思想若能與世界上主要的宗教文化如基督教文化、伊斯蘭教文化、佛教文化等等相融合，在尊重各地區所屬的本土文化下，它可以尋找一個富有全球化價值觀的文化，這可能是一個新時代的潮

---

23 白壽彝，《中國回教小史》，寧夏人民出版社，銀川，二○○○年，第七十七頁至九十六頁。

流。這一切的一切，要從新「新儒學」著眼，而西方文藝復興的歷史經驗，甚是寶貴，值得中國人重視。

在這個二十一世紀裡，盱衡當前的形勢，中國人當然可以頂天立地在這個世界裡站起來，可是這個世紀仍然是北美、西歐人士的世紀，因為北美、西歐的物質文明與精神仍然遙遙領先世界。中國的現代化不只是要發展經濟，也要重視文化的意義，使物質文明與精神文明牢牢的結合在一起。這是「心物合一」論的道理。十五世紀以後西歐的文藝復興的經驗得知文藝復興是民族振興的火炬，它是一國現代化的泉源，文明的花朵。新「新儒家」首先要將中國的文藝與民族的文化資產復興起來，並且給予新的文化生命力。[24]中國先秦時期的文藝作品如詩經、楚辭以及後來的漢賦、唐詩、宋詞、元曲、明清小說以及民國時期的散文等等一脈相襲的中國文化資產，甚為寶貴；而西方的文藝從古希臘的神話、史詩到中世紀的十四行詩，而文藝復興以後的文化作品以及十八、十九世紀西方的浪漫主義和現實主義等的雋永作品也值得中國人的借鏡，滋潤中國文藝的新生命。[25]古今中西方文藝大結合是時代潮流之所趨，如何使「洋為中用」、「古為今用」的文藝學術思想融合成為一體，而且與時俱進，活生生、推陳布新的凝聚起來，以成為中華民族的新文藝力量，這也是中國的希望，中國人的前途。[26]這也就是中國文藝復興運動的意義。它是二十一世紀中國現代化「新啟蒙」的動力。

---

24 魏萼，《中國國富論》（一個富有中國特色的新國富論），時報出版社，台北，二〇〇〇年，第二一五頁至二三〇頁。
25 同注 20。
26 同前注。

二、新儒家是新「新儒家」的理論基礎

（一）新「新儒家」是新儒家的具體實現

　　儒家思想在鴉片戰爭後面臨了極為嚴竣的外來文化衝擊。經過一百多年來的中西文化衝突與融合後，今日的儒學又以嶄新的面貌來面對這個新的二十一世紀。這就是新「新儒學」時代的到來。

　　新「新儒學」是整合當前儒家思想的精神文明，並且落實於國家現代化的實踐意義上面。換言之，新「新儒家」的具體意義是將儒家思想的現代化與國際化。「新儒學」是新「新儒學」的理論基礎，新「新儒學」是「新儒學」的具體實踐。「新儒家」乃是指現代的新儒家，它與南宋朱熹的新儒家當然是不同的。現代新儒學的定義，學術界的看法分歧。[27]至今此大約可以歸納為三個時期：第一時期，應可源自以一九一〇年代「新青年雜誌」以及「新青年」為中心的學者，這應包括一九四九年以前的許許多多思想家，其中以當時北京大學以及有關參與思想論戰的學者如陳獨秀、胡適之、李大釗、梁漱溟、郭沫若、魯迅、梁實秋、錢穆等等人士均可列入。第二時期，應可包括以一九四九年以後，一九九七年以前港台以及旅居歐美等地的儒學研究者為主要；這是以香港新亞研究所為主軸的港台儒學學者唐君毅、徐復觀、牟宗三等人為主要。第三時期則是一九九七年七月一日香港回歸中國以後，中國大陸、港台以及全球各地儒學學者有鑒於戰後

---

27 陳少明，《儒學的現代轉折》（現代新儒學研究叢書，方克立、李錦全主編），遼寧大學出版社，瀋陽，一九九二年，第一頁至五十二頁；另同注 17，第一十八頁至四十九頁。

儒家文化圈地區經濟發展傑出表現，咸認爲儒學研究應不是
僅止於儒學理學之理論階段，最主要的要從儒學的實證面與
實踐層面著眼，特別重視儒學落實於國家現代化與國際化方
面。這正如西歐文藝復興以後的文化重建，並且有啓蒙運動
在西歐國家的民主政治、市場經濟和多元化社會等的現代化
意義。第三時期的儒學的特別在於重視儒學的實踐與檢驗，
可以稱之爲新「新儒家」。此有別於第二階段以香港新亞研究
所爲主軸的港台學者們，似僅止於儒學的理學理論階段，他
們主要的特色在於擺脫儒學的意識形態，並且重視儒學理性
的中西文化交流與融合、貫通。這個儒學發展時期比之民國
以來的儒家們有開明派（傾向於西化的康有爲、梁啓超等人）
和保守派（傾向於國舊的劉師培、嚴復等人）的儒學學者們
似有明確的差異。[28]因爲第三時期的儒家們能夠抓得著儒學
的本質，以「拿來主義」的方式，用以吸收西方思想的精髓，
爲儒學注入了新的生命力，同時貢獻於國家現代化。

　　一九八〇年代以後，中國大陸「馬列中國化」的新思想
甚囂塵上，於是中國傳統文化，西方主流的自由民主文化，
西方非主流的馬列主義文化等三者並舉，蔚成一股新的儒學
研究風潮。這與一九四九年以後的港台新儒家在文化的定位
上有些不同。一九九七年以後，台灣海峽兩岸三地的不斷文
化交流，使得儒學的研究在不斷的溝通中趨於理性與共識。
這是中國的希望，中國人的前途。

　　新「新儒家」思想在政治發展、經濟發展、社會發展、
國際關係、民族團結以及兩岸關係等等方面都能施展其獨特

---

28 同注 13。他們多少偏向保守主義，後來的陳獨秀、胡適之等人則是
　矯枉過正。

的政策意義，這就是富有中國特色的政教合一。「政」是政府有關的制度與政策，「教」是儒家思想的道德規範。儒家思想的道德規範所呈現出來的是「和而不同」的施政方針和「一體多元化」的價值觀。儒家思想內聖外王、致中和的「入世」思想體系不只可以救中國，也可以平天下，並且協和萬邦、平彰百姓。

（二）全球化本土主義的新價值觀

在政治發展方面：儒家思想是要從「爲民做主」發展到「以民爲主」的民主思想價值觀。[29]在一些經濟開發中國家，因教育水準低、民智未開、民品低劣，何況法令規章尚未完全建立，則不宜立即實施西方式全民政治與公民投票。俟上述經濟、教育、法律狀況等稍有解決之後，立即可還政於民、平章百姓，並且徹底邁向西方民主政治之路；這可展現出個別國家民主政治的特色。具體的說，它是民本思想。

在經濟發展方面：儒家思想是需要以「藏富於民、民富國強」爲主要的經濟發展目標。中國這部儒家經濟思想發展史是以市場經濟爲主軸，但它有社會政策，而不是社會主義，也不是以資本主義爲主流。它是以實事求是爲中心思想的中國經濟，它應有市場經濟，也有政府經濟；政府經濟是補充市場經濟之不足，並不是將市場經濟取而代之。經濟制度發展的理想是小而有效率的政府，大而有活力的市場。政府經濟的具體意義在於發展市場經濟、藏富於民，讓老百姓能賺錢、富起來。具體的說，它是民生思想。

在社會發展方面：價值一體多元化是儒家思想、中國文

---

29 Myers, R. H., and Linda Chao, The First Chinese Democracy, John Hopkins University Press, Baltimore, Maryland, 1998, pp. 217-305.

化的本質。所謂一體是指中國道德文化中的四維八德等共同
價值座標,這是多元文化中彼此相互認同的最大公約數。然
而對於多元文化中不同時、空所產生的不同文化價值應給予
最大的尊重。富有兼容並包的思想特色是中國文化的本質,
所以它的融合性特別強。中國文化雖歷經滄桑但始終屹立不
搖,最後終將是贏家,永恆於世界、歷史。

在民族政策方面:除漢族以外,中國有五十五個少數民
族;中國各民族均有其文化價值的特色,彼此應予尊重。中
華民族這個文化大家庭是「和而不同」的,各個民族在一個
共同的屋簷下和諧相處、互助合一。幾千年來,中華文化的
基本精神是一體多元化的包容性,不同民族彼此和平共存、
相互尊重、不斷融合。因為尊重各少數民族個別不同的文化
傳統和宗教信仰,因此並沒有發生什麼彼此嚴重排斥、鬥爭
的現象,這不是世界上其他宗教文化地區或其他民族文化所
能比喻的。

在國際關係方面:以儒家思想為主軸的中華文化是以和
平為主要,它不但要尊重世界上各國家主權的完整,也要扶
弱濟傾;國際間相協調、相協助。其中各國民族文化互異,
各有其特色。儒家思想反對國際帝國主義,也絕對不做文化
沙文主義。儒學思想在戰後傑出的亞太經濟發展經驗,雖有
些爭論,但一般來說,其對經濟發展的貢獻似已被世人所肯
定,咸認為其乃亞洲價值的代表。若是如此,儒家思想的特
質似也可推薦給國際社會,用以貢獻國際,推動其所謂的儒
家全球化本土主義(Glolocalism)[30],以各國間的文化調和

---

30 Helmut Schmidt,柴方國譯,《全球化與道德重建》,(Auf Der Suche
Nach einer Offentlichen Moral Globalisierung, Deutsche Verlags-

（Cultural Harmony）取代文化衝突（Cultural Collusion）。

在台海兩岸關係方面：台灣與大陸在政治、經濟、社會等制度與政策方面當然有些差距，但是中國歷史文化中的大統一或大一統思想是個不易的定律。中國只有一個，但現階段一國兩區卻是一個事實。中國一定要走上「共和國」的道路，那些聯邦或邦聯或國協等均不適合於中國。在台灣的中國國民黨曾一度主張邦聯，這個看法是不正確的。邦聯不適合於中國的國情，此將禍害中國，貽害子孫；何況中國還有那些蒙古、西藏、新疆等區域的問題。在理論上邦聯是多數主權國家，為維持其安全與獨立，依國際條約，組成國家聯合，而各國仍有其內部主權，且各自保留大部分之對外主權，各具有國際人格者，謂之邦聯。如西元一七五〇年至一七九七年之尼德蘭（Netherlands）合眾國，以及一七八一年至一七八九年的北美合眾國是按邦聯之性質與聯邦有異，蓋邦聯分子在國際法上為國際人格者，而聯邦則無此地位也。[31]

三、落葉歸根、落地生根、落腳挖根

（一）儒家思想的落葉歸根

從儒家一體多元化、和而不同的思想觀之，台灣與大陸應在一個中國原則下各自實施不同的政治、經濟、社會體制，這乃是階段性的一國兩區，逐步邁向一國一制的統一中國。台灣歷史雖短，但屢經主權的轉移，台灣應力圖逃避歷史上

Anstalt Gmblt, Stuttgart, 1998），社會科學文獻出版社（中國社會科學院），北京，二〇〇一年，第一三二頁至一三七頁。
31 魏萼，〈有關中國前途的幾個建議〉，《新形勢下兩岸關係發展趨勢與前景》學術研討會，上海國際問題研究所，上海，二〇〇一年十二月十五日至十六日。另有關「邦聯」的歷史資料是邱創煥教授提供的。

悲情命運，面對現實，擺脫民粹主義意識形態，並且以大胸
襟、大格局、大歷史的前瞻性眼光放遠美好中國的遠景，進
而爲衆多的中國人做出偉大的貢獻，否則容易重蹈台灣歷史
的悲情。以上所述，乃例舉新「新儒家」思想在政治發展上、
經濟發展上、社會發展上、民族政策上、國際關係上、兩岸
關係上等方面的一些意義作敘述。其實儒家思想在「內聖外
王」的修身、齊家、治國、平天下等道理可以作爲「爲人處
世」的方針，其適用的範圍甚廣。特別要強調的是儒家思想
是內向防禦性哲學觀，這與基督新教外向攻擊性哲學觀完全
不同。所以德國社會學家韋伯（Max Weber）曾說基督新教
的思想富有支配世界的傾向，因此它可以發展資本主義。[32]同
理亦可從文藝復興以後新航路的發現的許多事實得到間接的
證明。義大利人士哥倫布（Christopher Columbus, 1451-1506）
於一四九二年發現新大陸，葡萄牙人達伽瑪（Vasco da Gama,
1469-1524）於一四九八年繞非洲南端而發現印度，葡萄牙人
麥哲倫（Ferdinand Magellan, 1480-1521）於一五二〇年環繞
地球一周。之後，西方人士開始殖民印度、南洋以及美洲新
大陸，而中國明成祖永樂三年（西元一四〇五年）鄭和下西
洋七次，皆是以落葉歸根的史實告終，絕對沒有侵占他人土
地的任何嫌疑。[33]今日西方基督新教文化盎格魯・撒克遜
（Anglo-Saxon）世界害怕中國的威脅，並且提出所謂的中國
威脅論，眞是一件不可思議的事。鄭和於明成祖永樂三年首

---

32 Weber, Max, The Protestant Ethics and the Spirit of Capitalism, New
   York, Free Press, 1958. 另可參閱 Weber, Max, The Religion of China:
   Confucianism and Taoism, New York, Free Press, 1951.
33 傅統先，《中國回教史》，寧夏人民出版社，銀川，二〇〇〇年，第六
   十四頁至七十一頁。

度率船隊自江蘇省蘇州劉家港出航，而宣德八年（西元一四三三年）第七次下西洋為止前後共二十八年。當時鄭和每次出航的船隻達百餘艘，水兵兩萬人。鄭和下西洋比一四九二年哥倫布到新大陸早了八十七年。鄭和下西洋是和平之旅，促進中外的文化與經濟交流，所呈現的文明意義是落葉歸根，並沒有如西方國家的荷蘭、西班牙、葡萄牙、英國等等的海外殖民地政策。西方人認為中國人的強大有所謂「黃禍」的疑慮，其實這是多餘的顧慮，因為中國文化以儒家思想為主軸是愛好和平的。西方人士的看法是從西方文化有侵略性的意義著眼來衡量中國，這種看法是錯誤的，我們不能苟同。

（二）天主教思想的落地生根

　　新「新儒家」思想的落葉歸根觀念與天主教思想的落地生根觀念亦是顯然有些不同的。這可從中南美洲的拉丁民族天主教國家看出。從第十五世紀到第十八世紀，西班牙人、葡萄牙人不斷發現新大陸、移民新大陸，進而殖民新大陸，他們的特點是落地生根，與當地的原住民生活在一起，並且與之打成一片，混合、融合在一起。這種落地生根的觀念與行為，是秉承天主教思想，藉著天主的意旨四處行善，並且志在四方、無處不是家的思想觀念一致。這是天主教國家落地生根的意義，今日的拉丁美洲國家具體狀況誠如以上所述。其他地區例如東南亞的菲律賓，中國的澳門等等天主教地區也是明顯的例證。

（三）基督新教思想的落腳挖根

　　基督新教的文化顯然與天主教文化不同，當然更不同於儒家新教。基督新教文化的特質，誠如韋伯教授所說的是有支配世界的屬性，它是有侵略性的。基督新教文化有資本主

義的特質，所以有所謂落腳挖根的觀念與行為，以美國保守派人士為代表。[34]這種思想文化的國家經常以其主觀的「文明衝突論」眼光來看世界其他地區的文化發展，哈佛大學杭廷頓（Samuel P. Huntington）教授就有這種不正確的看法，也是對儒家思想文化「文明調和論」的一個曲解，甚為不幸。類似杭廷頓教授看法的西方人士甚多，比如說美國麻省理工學院梭羅（Lester Thurow）教授、約翰霍布金斯大學布里辛斯基（Zbigniew Brezinski）教授的看法也多少如此。這莫非是西方文化資本主義者本位的驕傲與偏見。

儒家思想自鴉片戰後，受到西方思想空前的衝擊；這個衝擊是西方思想的介入中國，這個文化衝突帶來中國政治不穩定、經濟不穩定和社會不穩定等文明災害。這就是所謂的西禍。西禍是本自橫斷面的外來衝擊，另外還有一個是來自中國文化自我沉澱的污垢，這就是所謂的腐儒或俗儒，這也就是垂直面的文化衝擊。鴉片戰後，中國遭受到外在、內在雙重的文化衝擊，其嚴重性不言而喻。這個階段是中國文化被西方文化擊倒的不幸時期。具體的說，中國一方面被外來的西方人所擊倒，另一方面是中國被中國人自己擊垮。這是中國儒教文化的黑暗時期，它是中國文明「惡性循環」的主要源泉。

第二次世界大戰以後，儒家文化經濟圈所展現的經濟奇蹟已被世人所共知，此為所謂的亞洲價值。然而亞洲價值如何走出世界，擁抱世界，貢獻世界呢？目前最重要的是要找

---

34 劉東，〈韋伯與儒家〉，《江蘇行政學院學報》，二○○一年第一期，南京，二○○一年，第三十八頁至四十八頁。另請參閱費爾巴哈著，榮震華譯，《基督教的本質》，商務印書館，北京，一九九七年，第二十九頁至六十七頁。

到世界共同的價值中的亞洲價值意義。新「新儒家」思想的現代化與國際化甚爲重要，這已如前述。亞洲價值是要貢獻給世界的，但它絕對不能成爲文化資本主義或文化帝國主義。因爲它也是反對西方文化帝國主義的，自己當然不能成爲令世人所共憤的文化資本主義者。

四、拿來主義與送去主義的本質

（一）拿來主義的眞諦

魯迅的短文〈拿來主義〉，甚是玩味[35]。他強調我們要自己主觀的去拿、去取、去選擇我們國家所需要的東西，而不是西方國家依據他們的需要而送來的東西。所以魯迅反對送來主義，因爲它是被動的。魯迅主張拿來主義的立場是基於我們國家主動的。過去世界上，尤其是西方和日本等列強送來鴉片（英國）、香水（法國）、好萊塢電影（美國）、玻璃絲襪（日本）等等都是被動的。[36]拿來主義是主動的爭取我們國家所欠缺的東西，特別是促進經濟發展的科技與資本設備等。可是事實並非完全如此。魯迅的話到如今仍有重大的時代性意義，特別是二十一世紀是文化帝國主義的時代，若崇洋媚外、一味吸收西方的文化與思想，囫圇吞棗，則將帶來了國家的動亂，不得不愼。

一般咸認爲十八、十九世紀是西方經濟所主導的世界時代，十九、二十世紀是西方政治所主導的世界時代，二十、

---

35 同注 15。魯迅的「拿來主義」思想與孫中山思想的出發點基本上相同。
36 同前注；另可參閱 Wei Wou, "Taiwan's Economic Impact upon Mainland China", The United States and Cross-Straits Relations: China, Taiwan and the US Entering a New Century（edited by Kenneth Klinlener）, Center for East Asia and Pacific Studies, University of Illinois, Urbana-Champaign, Illinois, 2001, pp. 220-237.

二十一世紀是西方文化爲主導的時代。[37]經濟、政治、文化
等三者是三位一體，而且互相影響；但從全球近代史發展過
程來說先是從經濟資本主義（或稱之爲經濟帝國主義）發展
到政治資本主義(或稱之爲政治帝國主義)、文化資本主義(或
稱之爲文化帝國主義）等是有階段性的重點，這是歷史造成
的。魯迅的〈拿來主義〉值得國人進一步深思。當然的，他
多少也是反對「送去主義」的。[38]

（二）送去主義的意義

　　至於什麼是「送去主義」呢？魯迅當時也提到我們送去
了許多古董、國寶等到國外展出，其目的是爲了宣揚國威，
不錯的。但後來常常變了質，竟將這些古董、國寶出國去送
人或變賣給外國人，造成了國家古董資源的外流，一去不回，
甚爲可惜。這是錯誤的經驗。不過我們還是要主張送去主義，
但我們強調送去的不是那些古董、國寶等古物，而是主動送
去中國優秀的文化和現代化的成果，以貢獻國際，發揚國光。
[39]但我們絕對不做文化的「大漢沙文主義」，更不能做「文化
帝國主義」。其中最主要的是要去除中華民族的自大或者自卑
的心態，展現出理性的民族主義，而不是走上「義和團式」
的激情民族主義。對中國人來說，有如此悠久的歷史、豐富
的文化，這些都是中國人的資產。但是鴉片戰後，中國人「東
亞病夫」的稱號隨之而來。如此民族的自尊心與自卑感等兩

---

37 布里辛斯基（Zbigniew Brezinski）原著，林添貴譯，《大棋盤》（The
　　Grand Chessboard），立緒出版社，台北，一九九八年，第二五八頁至
　　三〇二頁。
38 湯一介，〈「拿來主義」與「送去主義」的雙向互動〉，《中國哲學與二
　　十一世紀文明走向》，第十二屆國際中國哲學會，中國社會科學院主
　　辦，北京，七月二十一日至七月二十四日。
39 同前注。

者的差距甚大，二者都是不理性的。如何展現出理性民族主
義，這特別困難，也特別重要。二○○一年七月十三日晚上
從莫斯科傳來的北京申奧成功，將主辦二○○八年世界奧林
匹克運動會，這是一件極為重大的事蹟，一方面可以掃除中
國「東亞病夫」的恥辱，同時也可奮發圖強，展現民族自信
心；這難怪全球中國人自然地不約而同發出內心無比的喜
悅。目前整個中國大陸民心士氣相當旺，朝野人士集中精神
搞生產促建設，一片蓬勃的景象。這可以看出中國人在二十
一世紀確實能夠有尊嚴的，頂天立地的站起來，而且也如此
站的住，站的穩。當然的，這是中國的榮耀。因為這將有更
是一個強而有力的中華文化大躍進，可以防堵西方文化資本
主義的入侵。[40]然而中國人的人口眾多、經濟能力底子薄弱，
何況貧富差距仍大，還有那些屬於現實的世俗文化問題等
等，因此在這個二十一世紀裡，仍然是北美、西歐人的世界。
另外，此時此刻的台灣與中國大陸正好形成一個對比，因為
今日的台灣政治、經濟、社會等方面均呈現不穩定的現象，
這多少還有那些東方、西方文化衝突的表徵。今日台灣的沉
淪，首要來自政治的惡鬥，這多少是受到西方文化資本主義，
尤其是美國價值觀入侵的現象，甚值得有識者警惕，尤其是
中國知識分子的覺醒。此時此刻正在檢驗新「新儒家」在臺
灣實踐的時候了。

五、「第三條路」哲學的辨識

（一）西方經驗中的「第三條路」現代化

40　Myers, R. H. and Linda Chao, op. cit. pp. 101-196.

　　事實證明，戰後的亞太儒家文化圈經濟發展的奇蹟，多少讓世人體會到「第三條路」哲學的意義。可是「第三條路」的西方經驗與東方世界是不一樣的。西方世界是因為馬列共產主義的崩潰和非馬列資本主義的沒落，由於政策左右搖擺之後邁向「第三條路」的哲學。東方的世界所貫徹的「第三條路」哲學是在本土文化為中心的基礎不斷自我轉化、調整發展而成，它並沒有西方世界經遇所謂的「嘗試和錯誤」的經驗而調整過來。[41]前者東方社會邁向「第三條路」現代化哲學的錯誤代價較低，二十世紀末中國共產主義之自我演進的經驗便是一例，西方國家的經驗則不然；這可從十八世紀以後西方資本主義現代化發展史，以及二十世紀西方馬列共產主義的崛起與滅亡的經驗為鑑、為戒、為鏡。

　　此外，西方世界基督宗教文化雖能締造西歐、北美等地的現代化文明，可是其「人定勝天」的思想已使自然環境遭受到嚴重的破壞。這種以經濟開發為首要，忽略了經濟開發所造成自然環境破壞的代價。中國傳統哲學文化中的「天人合一」、「參天化育」思想已逐漸被西方資本主義國家所重視。新「新儒家」一方面重視經濟開發，但另一方面也重視因經濟開發所衍生的負面效果。在這一方面，日本做得很成功。例如台灣二○○一年七月二十九日遭受到桃芝颱風的侵襲，造成了土石流的災害，台灣人的生命與財產損失甚為嚴重。為何？因為經濟掛帥，一昧重視經濟開發，認為人定勝天，大家無知的沾沾自喜；殊不知其已造成了生態環境的嚴重破

---

41 Anthony Giddens 著，鄭武國譯，《第三條路》（The Third Way: The Renewal of Social Democracy），聯經出版社，台北，一九九九年。另請參閱楊世雄，〈社會主義人性論之省思〉，《哲學雜誌》（第二期：季刊），業強出版社，台北，一九九一年，第四十四頁至五十七頁。

壞，此經濟發展已付出甚大的代價。在台灣類似的這種情況很多，比如說二〇〇〇年七月汐止地區因為豪雨造成土石流成災，許多房子倒塌，也造成了許多台灣人生命與財產的損失等。這些例子很多，皆可供中國大陸往後經濟建設的參考，並且防患於未然。西方資本主義的弊案慎防在亞洲地區重演，台灣經濟發展曾為奇蹟的出現，但其代價也甚高。一國資本主義經濟發展所犧牲的代價，不要讓貧窮的多數百姓來承擔。須知致中和、盡人之性、盡物之性，此乃為天下至誠，則可以參天地之化育。這些成功與失敗的台灣經濟經驗，再度提醒成為中國大陸的殷鑑。

（二）殊途同歸的東方與西方理學家

儒家思想源自易理；孔子對周公文武時期的德治甚為敬佩。孔子是整合周公以來的思想「溫故而知新」而成為一代宗師。孔子綜集西周文化之大成，並且有自己新的看法，是乃「溫故而知新」的「文化中國」。孔子是中國最偉大的理學家，是乃有至聖先師的尊稱。中國這部儒學史可以說是一部理學發展史。儒家思想歷經兩千多年的歷史變遷，其內容不斷充實。其中董仲舒、程灝、程頤、朱熹、陸九淵、陳亮、王陽明、顧炎武、王夫之、黃宗羲、惠棟、戴震等等人的貢獻最大。[42]民國初年因為腐儒、俗儒充斥，造成政治、經濟、社會等的不穩定。一九一九年的「五四運動」遂有欲打倒孔家店的呼聲。其實胡適之、陳獨秀等人所謂的要打倒孔家店，並不是要打垮孔儒思想，而是要打醒孔儒文化。其最終的目的是要給儒學新的生命，使之落實於國家的現代化，這符合

---

42 艾爾曼著，趙岡譯，《從理學到樸學》（中華帝國晚期思想與社會變化面面觀），江蘇人民出版社，南京，一九九五年，第四頁至六十八頁。

於新「新儒家的定義。孔子（B.C. 551-479）是中國理學之父，他比西方理學之父蘇格拉底（Socrates, B.C. 469-399）年長八十二歲，可謂同一時代的人，孔子與蘇格拉底所代表的東西方文化，他們雖有不同，但在理學的內涵裡確有許多雷同之處，若有不同之處，乃是蘇格拉底乃重視是非分明的法治精神，因此西方文化偏向科學的意義。新儒學的代表性人物朱熹（1130-1200），是宋明「新儒家」理學典型，他的思想與西方義大利哲學家阿奎那（Thomas Aquinas, 1225-1274）的許多看法相似。[43]阿奎那稍晚於朱熹。阿奎那主張存天理之正，去人慾之私，還有那些所謂的原罪禍論等觀念，與朱熹的看法甚相似。[44]他們二人一東一西，不可能謀面，亦不能彼此通通氣息，但何以他們二人的看法相近呢？這是東西理學思想相通而不相同的基本道理，與前述孔夫子與蘇格拉底等二哲的許多看法一樣。另外更有趣的是清代乾嘉思想家戴震（1724-1777）與西方經濟學之父亞當·史密斯（Adam Smith, 1723-1790）所處的時代相當，彼此的看法亦相近。[45]戴震反對宋理的空談，批評宋儒的申天理、窒人欲的看法乃違天理與人情。朱熹的看法當然不同，在其《孟子字義疏證》一書（凡三卷）中暢談「理」乃是情、欲之所生，道德亦不在情欲之外，而理即在事物之中。[46]朱熹的理學也是當時時代的

---

43 同注 16，第一十八頁至四十九頁，及第一〇一頁至一〇八頁。

44 黃光國，〈文化的反思、典範的重建〉，《思與言》（人文與社會科學雜誌），第三十九卷·第四期（二〇〇一年十二月），台北，第一頁至三十頁；另同注 16。

45 同注 42，第六十頁至九十九頁。

46 林安梧，〈後新儒學的社會哲學：契約、責任與「一體之仁」── 邁向以社會正義論爲核心的儒學思考〉，《思與言》（人文與社會科學雜誌），第三十九卷·第四期（二〇〇一年十二月），第五十七頁至八十二頁；另同注 16。又戴震辨孟子性理諸義，與朱熹《孟子集註》有

產物。這個看法得到胡適之先生的認同，但胡適之先生亦用清儒的治學方法，梁啓超稱胡適有清儒之風。[47]

　　西方經濟學從亞當‧史密斯開始成爲一個體系。亞當‧史密斯在其巨著《國富論》（The wealth of Nations）中強調私人經濟利潤的動機，並且唯有在私有財產制度與市場經濟體制下才能發生。[48]人們唯有追求私欲才能發展人的潛力，這是「一隻看不見的手」（an invisible hand）。根據亞當‧史密斯的看法，理性、慾望、利潤三者之間甚相關。這個思想觀念代表了西方傳統務實的主流思想。[49]此外，約翰‧凱恩斯（John M. Keynes）曾因爲一九三〇年代世界性的經濟大恐慌，懷疑了亞當‧史密斯（Adam Smith）的《國富論》裡的主要思想。[50]所以凱恩斯在其《一般理論》（The General Theory）裡倡導政府經濟的功能；可是凱恩斯的理論只能補充亞當‧史密斯理論上的一些不足，無法將亞當‧史密斯的思想取而代之。[51]巧得很，與約翰‧凱恩斯（1883-1946）的時代相近，但稍早的孫中山（1866-1925）的許多主張思想與

些不同，其意近似於荀子而略遠於孟子。戴震說理也似甚爲精確，匡正不少宋儒之偏頗，乃承一家之言。

47 趙德志，《現代新儒家與西方哲學》（方克立、李錦全等主編），遼寧大學出版社，瀋陽，一九九四年，第一〇頁至二十八頁。

48 Smith, Adam, An Inquiry into the Nature and the Causes of the Wealth of Nations, 1776. 亞當‧史密斯是古典經濟學的代表人物，他被譽爲經濟學之父。

49 同前注。主張最小的政府乃是最好的政府；儒家思想則主張適度的政府。

50 Keynes, John M., The General Theory of Employment, Interest, and Money, Harcourt, Brace and Co., 1936. 這本著作的出版，乃是新經濟的開始，世稱凱恩斯革命（Keynesian Revolution）；主張政府經濟可補充市場經濟之不足，而不是取而代之。

51 張磊，《孫中山評傳》，廣東出版社，廣州，二〇〇〇年，第五十六頁至一〇四頁；另可參閱羅時實，《從經濟學看國父思想》，正中書局，台北，一九七〇年，第一九四頁至二〇〇頁。

觀念相似。孫中山思想中有關國營事業和政府經濟等看法，凱恩斯的《一般理論》的看法亦復如此。[52]東西方文化相似而不相同，但彼此是相通的。以上所例舉的東方的孔子、朱熹、戴震、孫中山等思想理學家，與西方的蘇格拉底、湯姆斯・阿奎那、亞當・史密斯、約翰・凱恩斯等思想理學家相對的時期與觀念相似，殊途同歸；此處只是先拋磚引玉的簡單提出來供參考，類似之爭甚多，願學術界能繼續再一步研究。[53]

六、東西方理學之父：孔夫子與蘇格拉底

（一）孔夫子・蘇格拉底的理學本源

　　東西方文化的出發點彼此不同，這可從東方的孔子和西方的蘇格拉底為代表。東方文化是從哲學到科學，西方文化是從科學到哲學；東方文化是從情、理、法的程序進化，西方文化則從法、理、情的程序進化。可是先進已開發國家不管是東方文化或西方文化則逐步的趨同。如此東方現代化與西方現代化的內涵甚是相近。這是目標相同，但過程則不一樣。前述「第三條路」的哲學便是一例。二十一世紀裡，東方與西方現代化則均將邁向「第三條路」的哲學走，但彼此的過程完全不同。中國共產主義的不會崩潰、瓦解便是一例。[54]因為它已經自我轉成為富有中國特色的「大同式」共產主義。此外西方式走上二分法的道理，才會有二十世紀資本主

---

52 同前註。
53 王岳川，〈後現代後殖民主義在中國〉，《江蘇行政學院學報》（二〇〇一年第一期），南京，二〇〇一年，第一一九頁至一二六頁。
54 同註 41。另請參閱雅士培著，傅佩榮譯，《歷史的巨人 —— 四大聖哲》，業強出版社，台北，二〇〇一年，第七十六頁至一〇六頁。

義的沒落，共產主義的沉淪。[55]這也是東方與西方文化具體不同的地方。

孔子思想是從古代典籍用心整理、綜合之後給予正確的解釋，然後繼續傳下去，並且有了創新。所以說整合、持續和創新是東方文化的三步曲。那西方呢？蘇格拉底當時不敬神，被處死刑；蘇格拉底本可提出理辯，則或可免於一死，但他並不如此做，因爲他尊崇法律。[56]他死後的希臘人就有機會重新檢討法律進而重新修訂法律。在尚未修法之前，必須崇法。這種遵守法律、真理而不變通的作爲是科學的方法嗎？至少西方人的價值座標便是如此。這種明確的二分法的思維方式，完全與易經裡的二爲一，一爲二的思維方式有所不同。兩千五百多年來東方與西方的人已經把這個不同的思維方式看成其爲生活的一部份，這包括治國、平天下的具體作法。東方與西方還是有些程序上的不同，就以民主發展爲例，東方人與西方人的民主程序與方式有其不同，但民主的意義是一樣的。東方人生從爲民做主做起再發展到以民爲主的作法，便是東方哲學的特色。這種「革命民權」重視人爲的民權，須靠人去爭取來而來的民權，顯然與西方的「天賦人權」，公民社會的觀念與程序也是不同的。在經濟發展方面，東方社會在市場經濟發展條件上尚未成熟之前，是不會全面實施市場經濟的。但在東方社會裡政治發展與經濟發展經常是一體兩面的。經濟發展到某些程度以後，政治發展必

55 葉自成、龐珣，〈中國和西方外交思想的歷史文化比較〉，《二十一世紀：東亞文化與國際社會》，當代世界出版社，北京，二〇〇二年，第四十一頁至六十四頁；另同前注。
56 雅士培著，傅佩榮譯，《歷史的巨人 — 四大聖哲》，業強出版社，台北，二〇〇一年，第二頁至四十頁。

然隨之。在東方社會裡與其全面發展民主政治，還不如先發展經濟重要；此時此刻一個有智慧的領導者來先推動國家的經濟建設則比之先發展全民政治來得更恰當。問題是這個有智慧的領導者是誰？如何產生？這在開發中國家的的東方社會往往也相當困難找到。開發中國家亟需要的是一個好而有效率的政府，可是這一個重要的條件往往是開發中國家所欠缺的。開發中國家最容易陷入的是對民族自信心的缺乏，因而國人崇洋媚外，擋不住那些經濟已開發國家，特別是資本主義國家經濟、政治、文化的侵略。所以經濟開發中國家往往是思想被動式的來接受外來的「送來主義」，而缺乏主動式的選擇外來的「拿來主義」。如此開發中國家當然會發生所謂的文化衝擊和經濟惡性循環。因此，儒家思想旨在融合外來思想，而不被外來思想所融合。消化西方思想，深化中國思想，此為良性的、廣泛的「拿來」已開發國家的優勢文化和科技，以做為落實於國家現代化之所需。這是新「新儒家」的具體意義。

（二）儒家致中和的意義

儒家「天人合一」的思想體系甚為廣泛，他也可以應用在人文和社會科學方面，其具體的表現則在「中庸」的哲學上面，特別在於各種政治經濟制度與政策的層面上，而「致中和」的意義就其中。易經本諸陰陽調和，此是理性的本源。中國文化以儒家為本位，允執其中的有關行為，還包括治國、平天下的大道理都在裡面。就以經濟建設為例，比如說市場經濟與政府經濟的調和，國營經濟與民營經濟的調和，財政經濟與金融經濟的調和，城鎮經濟與都市經濟的調和，經濟生活與精神生活的調和，經濟發展與社會福利的調和等等。

其他在政治建設、社會建設等方面亦可以同理迎刃而解。

　　近百年來，新儒家思想最大的貢獻在於融合中西文化。一反儒家思想兩千多年來的偏重於垂直面融合。新儒家思想則不但繼續其垂直面的融合，它最具意義的乃是橫斷面外來西方思想的融合。雖然在漢朝、唐朝、宋朝以後，也有因為藉由陸上絲路、海上絲路而能吸收外來的文化與科技，但其極為有限。但自從鴉片戰爭以後，情況卻不然，這種外來思想的衝擊則是大量的蜂湧而來。復加上中國經濟開發中國家的心態甚為明顯，國人崇洋媚外之風甚盛，如此豈不帶來文化衝突的弊病呢？其結果當然是中國嚴重的內憂外患、民不聊生。百餘年來，中國不但蒙受外來橫斷面的文化衝擊，同時也遭受到內在縱貫面的文化衝擊。前者已如上述外來「送來主義」的衝擊，後者則是中國文化中的「腐朽儒家」所致。這個變本加厲文化衝突的「惡性循環」，形成了一百多年來中國儒教文化的黑暗時期。這種情勢直至二十世紀的下半葉才稍有改變。五十幾年來，中國文化不斷自我去蕪存菁，也不斷的吸收、融合外來的思想，這當然包括西方自由主義思想和馬克思、列寧主義思想在內。在二十一世紀裡將實現了一個嶄新的局面；這正如西方十五世紀的西歐基督教文化經過黑暗時期後，展開了文藝復興的新文化形勢，更在啟蒙運動的指引下，文藝復興使古希臘、羅馬文化有了新的生命力，並且落實在科學、技術、藝術、經濟、政治、社會等等方面的現代化。西歐文藝復興最大的成就在於將古老歐洲文化落實於現代化。這是幾百年來西歐、北美等地區經濟等現代化獨領風騷於世界的具體根源。歐洲的文藝復興並不是故步自封、無病呻吟、裝模作樣、矯揉造作、自欺欺人、自我膨脹

的「形而上」哲學與文化空談運動，而是實事求是，解放思想促使國家現代化的一種綜合性的現代化運動。

　　新「新儒家」一方面肯定新儒家的文化意義，另一方面則其將其落實於人文社會、科技與管理等現代化的科學意義。[57]它是富有功利主義的入世儒家，而不是那些無病呻吟、自欺欺人等的書生之見，同時也要有做治國、平天下的雄心與壯志。[58]如何在立德、立功、立言三者兼顧的大目標下，爲國家、爲社會、爲人類作出具體的貢獻。換言之，新「新儒家」要走出「象牙塔」的學術，以面對人類福祉的現實；因此頗富代表性的江南「吳儒」（例如麗澤學派、蕺山學派、浙東學派、乾嘉學派等的學術思想），甚有進一步研究和發揚的價值。[59]

第三節　新「新儒家」的實踐

一、「打醒孔家店」的本質

　　儒家思想應該是擁抱世界，走出世界，貢獻世界的[60]。

57　魏萼，〈清儒、吳儒、新新儒〉，（從中國經濟的文化資產談起），《思與言》（人文與社會科學雜誌），第三十九卷‧第四期（二〇〇〇年十二月），台北，第三十一頁至五十七頁。

58　同前；同注 42。另請參閱賴賢宗，《體用與心性：當代新儒家哲學新論》（中國哲學叢書），臺灣學生書局，台北，二〇〇一年，第二一三頁至二五七頁。

59　李國鈞（主編）、王炳照、李才棟（副主編），《中國書院史》，湖南教育出版社，新化，一九九七年，第三六〇頁、七五四頁、八三一頁、八八四頁。呂祖謙（1137-1181）爲麗澤學派的創始人，劉宗周（1578-1646）爲蕺山學派的開山祖師，黃宗羲（1610-1695）爲浙東學派的啓蒙人，戴震（1724-1777）爲乾嘉學派的掌門人。

60　魏萼，《新「新儒家」的釋疑》，《新儒、新新儒》（東西文化與國際社會的融合），文史哲出版社，台北，二〇〇二年，第六十一頁至八十九頁。

東西方的世界，在文化的基礎上雖然有些不同，但是彼此邁向現代化的文明，在方向上卻是一致的。新「新儒家」雖然不主張「全盤西化」，但卻認爲大膽的邁向西化是有需要的。另外，「五四運動」所主張的打倒「孔家店」也是極端的看法，新「新儒家」當然也不贊同，可是對於那些儒家的腐朽，因爲誤解了儒家思想的本質，新「新儒家」則持有不同的看法。新「新儒家」所反對的是那些「賣假貨」的孔家店，對於儒家思想的基本精神是堅定不移的肯定而且推崇的，因此新「新儒家」所堅持的是要「打醒孔家店」，而不是要「打倒孔家店」。[61]

　　儒家思想是中華文化的主軸，其以孔子的思想爲首。孔子思想俱有整合性、持續性和創新性的意義。西漢董仲舒的思想亦富有此特色，但爭議甚多；所以他的思想不能代表中國文化的道統，因此董仲舒的思想功過仍有待進一步的評價。不過儒學「內聖外王」的曲高和寡，也有進一步批判之必要。尤其是不務實的腐朽儒學更是社會現代化的包袱，其必需進一步的鏟除，否則中國無法趨於富強，無法邁向文明。中國現代化雖然不等於西化，但是是趨於西化的；因此我們也主張大膽的走向西化。一九一九年「五四運動」前後，吳虞等反儒急先鋒曾大力主張「打倒孔家店」；這個看法，我們並不完全贊同，因爲孔家店的產品有好有壞，有眞有假，不宜將孔家店全部給予否定。自古以來，儒學的發展皆有其時代的意義，比如說宋明儒學是理學，清代儒學是有異於宋明理學的理學，可是不能被誤以爲是反理學，因爲儒學是要「與

---

61 魏萼，《新「新儒家」的精義》，《第二屆海峽兩岸中華傳統文化與現代化研討會》，葉聖陶研究會，淮安，二〇〇四年十月三十一日至十一月五日。

時俱進」的；若不「與時俱進」就會變成「腐儒」，這與文明
的發展是背道而馳的，所以必需將這些「腐儒」打醒，使其
復甦，從而產生文明的新的生命力。因此這裡我們不能不主
張「打醒孔家店」，使孔子思想對國家現代化產生正面的意
義。[62]因為「腐儒」是反自由、反民主、反人權、反法治、
反科學的，這些都是國家邁向文明的障礙。說得具體一些，
儒家思想或許在「內聖」的功夫有所貢獻，但對於「外王」
的表現經常起了反面的作用。[63]

二、大膽傾向於西化的意義

　　元朝以前的中國或許在文明發展過程中有些超越西方。
中古世紀的歐洲經過了宗教政治的獨裁專制，其不文明的事
實已使歐洲人長期落後在東方之後。可是文藝復興之後的歐
洲在文明現代化的表現已明顯超越了東方。這落實在民主的
政治、市場的經濟、人權的社會、正義的法治、先進的科學
等等層面。儒家思想雖然與上述的自由、民主、人權、法治、
科學等息息相關，但是儒者清談，空談孔孟的結果，儒家思
想已被虛空化了，並且已遠離了現代化的自由、民主、人權、
法治、科學等等。[64]析言之：

　　（一）西漢董仲舒以來的傳統文化觀事實上是與君權社
　　　　　會相結合的，所謂的君君、臣臣、父父、子子等

62　同注 60。
63　王甦，《中華文化的現代主義》，《第二屆海峽兩岸中華傳統文化與現
　　代化研討會》，葉聖陶研究會，淮安，二〇〇四年十月三十一日至十
　　一月五日。
64　孫觀懋，《文化、民族的命脈》，《第二屆海峽兩岸中華傳統文化與現
　　代化研討會》，葉聖陶研討會，淮安，二〇〇四年十月三十一日至十
　　一月五日。

君權、父權思想已扼殺了民主政治的發展，此雖有助於國家政治的穩定和社會秩序的維持，但是助長了官僚主義的橫行和「君貴民輕」的歪風。

（二）儒家思想重農輕商觀念本是傳統農業社會的產物，這是正確的，但是儒學還要「與時俱進」，在一個發展中的經濟是要「以農業培養工業」，同時也要「以工業發展農業」，並且做到「以農立國」、「以工強國」、「以商富國」的經濟發展理想。可是儒家思想經常被誤解了，以為重農抑商的原則是一陳不變的。儒家思想源自易經，易經最重視權宜與變通，其在於能把握「與時俱進」的精義所在。假若儒家思想不與「與時俱進」的思想相結合，就容易產生儒學的病變，顯然此有礙於國家經濟現代化的，這完全與市場經濟的原則相違背的。

（三）儒家思想在實踐上經常也被誤以為社會上是重男輕女、重君輕民、重師輕弟、重父輕子等等的事實。在本質上儒家思想的精義是重視各行、各業、各種社會的層面均有其特有的價值，應該給予應有的尊重，並且以價值多元化的角度來重視各行業、各社會階層的分工；人生而平等，可是對儒家思想不良的解讀與錯誤的實踐則經常違反了社會人權的發展。

（四）儒家思想重視道德教育和人治觀念，此出發點也是正確的。可是在一個太重視人倫的社會裡，往往忽略了法治的發展。在一個農業社會裡，人與

人之間來往比較單純，何況在法令規章尚未完美
正式建立，人治在意義上當然相當重要。可是在
一個複雜的工商業社會裡，人與人來往相當不單
純，若沒有一套完整的法制來規範，那社會秩序
就無從適應。東方國家的人士守法概念比較差，
這與人治的思想有著密切的關係。

（五）儒家思想的學者們皆強調中國文化的科學性，其
實不然。儒家思想的實踐被誤以爲與專制社會相
結合，這當然有礙於價值多元化的求眞精神。從
而使科學的進步與發展受到了很大限制，因爲人
的發展潛力就受到了扼殺；尤其是太強調中庸、
和諧，助長了鄉愿之風氣。西方基督新教重視價
值多元化的求眞精神，其結果造成了科學蓬勃的
發展，「大膽假設，小心求證」的科學精神就於
焉成長。

三、儒家資本主義的社會

戰後「亞太四小龍」經濟發展亮麗，已令世人刮目相看。
這是儒家新教的功勞。儒家新教主要的精神有二；其一是要
使國情的現實與國際的理想相結合，其二是要從本土文化出
發與全球的普世價值觀相接軌。此在在說明儒家思想要與發
展中的全球化國際理想相結合，才能產生儒家思想的生命
力。戰後東北亞地區中的日本能夠很理性的對待儒家思想與
西方潮流，而台灣、韓國、新加坡、香港等地均是殖民地，
摻雜了西方文化的色彩，這與這些地區經濟發展有著國際性
的作用。在中國社會裡，近一百多年以來所謂的殖民地區如

上海的十里洋場（德、法、英等租界）、大連、旅順、青島、威海衛等地區的經濟發展與現代化程度比較高，這顯然與西方文化思想有著不可分割的關係。文化與宗教是經濟發展的另「一隻看不見的手」，這與市場經濟是經濟發展的「一隻看不見的手」有著同樣的意義。[65]

　　文化與宗教可以影響人們的經濟行為。基督新教為主要的西歐、北美等地經濟發展狀況遠遠過於天主教為主要的東歐、南歐和中美、南美等地，儒家新教為主要的日本與「亞太四小龍」等地經濟發展遠比中東、西亞等伊斯蘭教為主要的地區優越等等實證經驗可以得到證明。儒家文化圈的國家或地區所崇尚的儒家思想若不「與時俱進」的與西方文化交融，則也無法對經濟發展有所貢獻。[66]有關於儒學思想若拘泥於安土重遷、安居樂業、安貧樂道、安身立命、安份守己、安享餘年和逆來順受、知足常樂等保守的觀念，缺乏居安思危和創新、求進、功利、現實等市場經濟想法，何來經濟發展的動力呢？儒家思想若有腐朽的文化因素存在則無法促進經濟發展，何況儒家新教「倫理式」的資本主義也缺乏大是大非的觀念，必須發展成為基督新教「契約式」資本主義才是資本主義市場經濟正確的道路。

四、不管西醫中醫，只要能醫病的醫生，乃是良醫

　　鴉片戰爭以後，中國民族自尊心的另一反常現象是儒家大漢沙文主義歪風。這樣思想最具體的表徵是保守主義，一

65　魏萼，《中國國富論》（經濟中國的第三隻手），時報出版社，台北，二〇〇〇年五月。
66　湯一介，於二〇〇四年八月二十日，在上海社會科學院主辦第一屆《世界中國論壇》國際學術研討會中的評論。

味反對西方思想。儒家大漢沙文主義的最大特色是排它性，這種無知的排它性所呈現的非理性愛國主義是激情的民族主義，晚清時期的義和團便是一例。這些行爲是相當危險的。儒家學術界也有不少有所謂保守主義的傾向，他們已成爲中國古代思想的奴隸而不自知。當然的「五四運動」諸君子胡適之、陳獨秀等人主張「全盤西化」，也是相當危險的，因爲他們使許多知識份子淪入了西方文化的陷阱，無形中導引中國使其成爲西方文化的殖民地，而這些所謂的知識份子也成爲西方盎格魯‧薩克遜主義者的幫凶。

　　保守主義、功利主義、自由主義等理論與思想均不適合於中國現代化的模式。中國現代化與西方的文明是相輔相成，彼此不會發生文明衝突的。文明與文化是不同的，文明是全球性的普世價值，文化則是有區域的差異。因此確實有文化衝突的危機。鄧小平所說的不管黑貓白貓，只要能抓老鼠的貓乃是好貓，這裡我們不能不說不管中醫西醫，只要能醫病的醫師乃是好醫生。中醫的望、聞、問、切等當然有其特色，這仍然需要西醫的醫療技術和醫藥科學。中國儒家思想的哲學若能吸引西方的科學技術，則有助於中國的現代化文明。此處再度強調魯迅「拿來主義」精神的重要性。「賣瓜說瓜甜」的故步自封保守主義的儒家，其自欺欺人的作風態度應給予終止。

　　儒家中國文化「中庸」之道固然有其哲學價值，但究其實踐主義上欠能把握大是大非的科學精神。中國人重視順乎天應乎人的自然哲學，則有缺乏主宰環境，克服自然的心志。「中庸」之道一方面可以「放之四海而皆準」，若從另一角度觀之，則有「放之四海皆不準」之慨。二千五百多年以來，

東西方的孔子與蘇格拉底的理學方向雖相同，惟其彼此之立足點不同。[67]西方科學的精神、法治的基礎乃是東方世界的中國人所需要的。中國人腐朽儒學的「馬馬虎虎」原則與「差不多」主義的文化血統，此種不合潮流的文化基因必需徹底加以改造，以便迎接這個新世紀的普世文明。

第四節　經濟全球化與新「新儒家」

一、中國經濟的文化資產

　　中國有豐富的文化資產，這是全球所共知、所共識的事實。可是中國文化中的經濟思想，也有其特質性，卻鮮為世人所共賞，甚為可惜。中國經濟在二十一世紀世界經濟裡不能忽視；當然，中國經濟思想現代化與國際化的重要性自不能例外。

　　中國經濟思想始自伏義的八卦，神農的日中為市，歷經易經「天人合一」的文化，孔孟等諸子百家思想，以至於孫中山先生的思維；特別是周公的「井田制度」、管子的《輕重論》、司馬遷的《善因論》、桑弘羊的《鹽鐵論》、王莽的「王田」、王安石的「變法」、洪秀全的「天田」等等經濟思想，均是中華民族文化的寶貴資產。這應該給予重視和發揚，以貢獻世界人類的福祉。[68]

67　魏萼，《經濟全球化與新「新儒家」》（從中國經濟的文化資產談起），《二十一世紀：東西文化與國際社會》（梁守德主編），當代世界出版社，北京、二〇〇二年，第十頁至二十二頁。
68　同前注。

　　當今中國的問題仍然在於貧窮，中國經濟如何脫離開發中國家「貧窮的惡性循環」，至爲重要。亞當．史密斯（Adam Smith, 1723-1790）、卡爾．馬克思（Karl Marx, 1818-1883）、約翰．凱恩斯（John Keynes, 1883-1946）等的西方經濟思想均不足爲中國經濟之所需。實踐與檢驗的結果，已確定二十世紀西方主流的資本主義已經沒落與西方反主流的共產主義已經崩潰。事實已證明「第三條路哲學」東方價值的市場經濟發展模式，將逐漸被肯定。在二十一世紀裡，台灣的經驗、中國的道路、儒家的思想、東方的文化、亞洲的價值、人類的福祉等等一脈相承、息息相關，深值重視。[69]

　　改革開放的中國經濟，也難免夾雜西方經濟思想中的「穢物」和中國經濟文化中的「腐朽」。因此未來各種形式的「文化衝突」均在意料中，但可防範於未然。兩岸經濟不交流，台灣經濟沒有出路；大陸經濟不改革，中國經濟沒希望。廿一世紀初，中國經濟基本上肯定可以脫貧。中國經濟改革成功之後，政治改革無可避免，而政治改革又可促進中國的經濟發展。

　　中國需要回歸中國文化的中國經濟，要把眞正中國國民黨的孫中山經濟思想與眞正的中國共產黨的鄧小平經濟理論結合起來，共同建設一個現代化的經濟中國。富有中國特色市場經濟的社會主義應該是邁向中國儒家禮運大同世界的理想。[70]

---

69 同前注。
70 魏萼，《中國國富論》，（一個富有中國特色的新國富論），時報文化出版公司，台北，二〇〇〇年。第二十五頁。另也可參閱同一作者，《中國國富論》（經濟中國的第三隻手），時報文化出版公司，台北，二〇〇〇年。第二十八頁。

二、中國的道統、傳統與理學

（一）文化中國與中國文化

儒家思想是「文化中國」的主軸，也是「中國文化」的主流；文化中國是中國的道統，而中國文化是中國的傳統。道統是中國文化的精神，傳統是中國文化的現實。前者以「原儒」為奎皋，後者以「理學」為潮流。

中國的道統為堯、舜、禹、湯、文武、周公以至於孔子（西元前 551-479），一脈相承，中唐韓昌黎則說道統傳至孟軻，以後則為道統的死亡。[71]民國時期旅台學者方東美則謂儒學已經變了質，有唐一代，以佛教為代表，捨佛其誰，可見當時中國文化只有傳統、學統等，何來道統？[72]

這包括北宋程灝、程頤，南宋朱熹、陸九淵等的宋儒在內。宋儒就是新儒學，其實新儒學就是孔孟思想的再生，它是當時思想的時代產物，有其特殊的學術價值，這是必然的，也是必要的，這乃是儒家理學的要義。其實孔孟學術思想的基本精神也是有其理學的當時時代意義；因為「學而不思則罔，思而不學則怠」，此說明孔子最強調學習的重要性，所以他曾說：「吾嘗終日不食，終日不寢，以思；無益，不如學也。」[73]他的學術思想多少也來自文武周公的禮樂文明世界，而孔孟所處的東周正是周天子文化沒落黑暗時期，於是他能從古

---

71 韓愈，〈原道〉，《古文觀止》（周振甫等譯註），建宏出版社，台北，一九九八年，第五十六頁至五十七頁。
72 方東美，《新儒家哲學十八講》，黎明文化事業公司，台北，一九九八年四月三版，第十九至三十七頁。
73 《論語》（為政篇）。《論語》（魏靈公篇），取自《新譯論語讀本》，新亞洲出版社，九龍，一九八三年，第　十三頁至三十二頁，及第二九二頁至三一七頁。

代典籍、詩歌、禮儀等得到啓示而集其大成，凝聚成爲一家
之言。他的理學成就最大，承先啓後，是爲至聖先師和萬世
師表的雅號。

　　韓昌黎謂孟軻之後，道統死亡。這是愛之深，責之切的
言語。儒家要經過時代的變遷，融合外來思想而產生新的生
命力。而在十五、十六世紀的西方文藝復興正是古希臘、羅
馬、希伯來等文化的再生，當然有其獨特的劃時代意義和學
術價值。這也是一個相似例子。[74]在中國文化史上的漢儒，
以董仲舒爲代表，它的學術思想就是一家之言，其政治層面
的意涵更是寫下歷史新頁。董仲舒的儒學也有承先啓後的時
代性，因爲他綜合了春秋戰國以來的諸家思想，雖然他獨尊
儒術，摒除百家，並將儒學看成不二法門，亦即獨此一家，
別無分號。其實這是不對的。因爲管仲舒的儒學是逃脫不了
陰陽家、縱橫家、名家、法家等的思想烙印，當然也有漢初
文景之治老莊思想的背影。漢儒因爲重視君臣父子等關係和
社會秩序的建立，被視爲「爲官之學」的專制意識型態，甚
至於被誤以爲儒學爲統治階級的工具。凡此儒家的傳統皆被
認爲是建立於意識型態的架構上，這個看法是錯誤的。如此
儒學也許是被執政者曲解的產物，以訛傳訛，一錯再錯。

　　魏晉南北朝已至於唐朝，這時期爲中世紀的中國。儒學
的主流地位被佛教和老莊等思想的影響而淡化。但這個時期
儒學仍然深入民心。唐朝可以說是佛教的全盛時期。臺灣哲
學家方東美教授則認爲此一時期捨佛其誰；因此容易被誤以
爲沒有唐儒，其實不然。佛教在中國，先是遭遇到佛儒論戰，

---

74 沈之興、張幼香，《西方文化史》，中山大學出版社，廣州，一九九七
　　年，第一一四頁至一九八頁。

由於儒學的包容性，直至佛教中國化為終極，也是所謂的中國佛教。佛教思想在豐富的中國文化中滋潤、成長。於是儒釋道等三家亦漸融合，貫通成為中國文化的主流。此時期的唐儒當然有佛教的成分在內，佛教與儒教、道教等遂成為三合一的思想。此時期的理學當然與漢儒有了相當的差距。唐儒多少是以佛家的慈悲哲學來詮釋。此理學與漢儒的理學當然有著重大的不同。到了宋朝，北宋周濂溪等北宋五子以及南宋朱熹、陸象山等人不斷的將儒學重新定位，並且以「性即理」，或「心即理」的思維方式來解釋理學。雖然北宋與南宋的理學有所不同說法，但宋代儒學的復興則是一個不爭的事實。這也是新儒學的來源。元朝呢？誰說元朝無儒呢？元朝在朝政府雖無儒，但在野民間儒學當然是深深的潛在百姓心中，這是無庸置疑的。明儒王陽明的儒學重視心學，也有佛性。其實儒家亞聖孟子也是重視心學的。明末清初的顧亭林、黃梨洲、王夫之等人主張「性即理」，多少與宋儒二程，朱熹的看法相似，他們反對明儒的心學，這也是多少認為明儒的心學使國家積弱甚至於敗亡的道理，但此主張也有「排滿」的意義。然而他們均以儒學道統自居，他們的天道觀、宇宙觀哲學思想主要源自《易經》與《中庸》。王夫之又是另一階段的集大成，可以媲美南宋的朱子。

（二）清儒、新儒

　　清儒比較務實，他們主張「經即理」，認為「實用主義」才是儒學的寫照，所以它們重視考證學的重要性。固然陽明哲學認為「致良知」和「知行合一」，可是多少流於形式和空談。清儒則主張腳踏實地的探討「知」與「行」之間的距離，檢驗引向實踐哲學。這種思想發展到乾隆與嘉慶時代，則有

惠棟和戴震的思想，其甚爲傑出。清儒以考證爲主要治學辦
法，重視理學可行性研究。清儒對程朱理學的專講空話，不
務實際的理學不表認同。一反宋代理學「去人慾、存天理」
的觀念。清儒則主張「情慾」乃在「天理」之中，這種重視
人性的理學頗受歡迎，因爲宋儒去人慾、存天理之陳義太高，
已違反人本思想原則。清儒此種務實的主張，與西方經濟學
之父亞當‧史密斯（Adam Smith）的看法甚爲相近。乾嘉儒
學惠棟的皖派與戴震的吳派彼此呼應，一反漢儒以來的盲目
崇拜唯心的儒學，清儒似是「心物合一」論的產物。這個思
想引導下，清儒已經對於諸子百家的經典做了一些重新的定
位。此不失爲儒學新的階級，也顯然不同於歷朝歷代的理學。

　　清末民初年間，民不聊生，復加之帝國主義的入侵，中
國文化中的儒學面臨到空前的挑戰。此時儒學敗壞到谷底似
史無前例。當時知識份子對儒學的研究均有心無力；中國文
化之復興欲振乏力，文化的衝突已造成清末社會混亂，政治
不安，經濟蕭條等苦果。

　　民國初年，民族自信心低落。有識之士盼望民富國強，
但時弊冰凍三尺，豈僅一日之寒。民國儒學（民儒）可說是
現代新儒學。這種新的儒學因爲民族主義太強似已失去理學
應有的理性和客觀性。此種儒學是有意識型態，爲一缺失。
也爲反中國傳統文化與反西方主流思想的馬列主義「教條」
文化在中國趁機不斷滋長，勢如破竹。尤其得到知識份子的
青睞，所以說當時人士形容知識份子若不認同馬列主義思想
是無知。其實當時知識份子馬列主義思想的認識甚爲有限。
主要來源僅止於河上肇的「資本論入門」和永田廣志的「唯
物辯證法講話」兩部初淺的著作。這種現象導致一九四九年

國共兩黨分據台灣與大陸。台灣的儒學與西方資本主義思想展開激烈的鬥爭，其結果彼此互有融會──「史密斯、凱因斯中國化」；在大陸的儒學與西方馬列主義思想也展開了嚴肅的論戰，其結果也彼此互有融合──「馬克思、列寧中國化」。[75]

　　其間，在所謂第三地的香港，力圖擺脫意識型態的束縛，走出香港新儒家（港儒）的道路。香港新儒家是以其擁有東西方思想交流優勢，致力於走出台灣與大陸各有的意識型態，並且以客觀的立場吸收東西方文化的菁華，結合出一條香港新儒家的道路。港儒最大的優勢是能從中國自從鴉片戰爭以來陰影走出來。一百五十幾年來的英國人統治，香港儒學面臨到史無前例衝擊與融合，但其已經走出一條所謂黃色文明與藍色文明交融的一個富有香港儒學特色的現代化模式，爲世人所稱譽。

　　香港新儒家的大本營爲新亞研究所，此本爲國學大師錢穆秉承教育家張其昀先生畢生意志而創辦；匯集港名儒唐君毅、徐復觀、牟宗三、嚴耕望、全漢昇等名家於一堂，俗稱新亞儒家學派。[76]但一九九七年七月一日香港回歸中國以後，此一學派已完成歷史性階段性的學術任務。以一儒家學術特色乃能客觀公正，擺脫意識型態的融會東西方文化而自成一格，這個理學與民國時期的現代新儒家有一個明顯的不同，因爲民國時期尤其在一九一九年「五四運動」以後的現代新儒家們難免滲入強烈的民族主義色彩，這是當時時代所

75 魏萼，《中國國富論》，（一個富有中國特色的新國富論），時報文化出版公司，臺北，二〇〇〇年。第二十三頁至二十八頁。
76 香港新亞儒家學派所走的新儒家學術是一特色。主要的是以香港新亞洲研究所，其經費的主要支持者仍然是台灣的教育部。其間，新亞書院已併入香港的中文大學，一九九七年一日香港回歸中國以前，該書院經費主要支持者則是英屬香港政府。

造成的，香港新亞新儒家們的特色乃是竭力遠離此一難免的
意識型態，這一個難得的香港特色；在台灣的儒家們（台儒）
也沒有那麼幸運，因爲多少捲入中國民族主義與台灣本土教
義派的意識型態論戰，有失儒家客觀公正性。[77]

（三）倫理資本主義、契約資本主義

　　至於新加坡儒學的李光耀，是世界傑出的政治家，他所
領導新加坡是成功的；新加坡乃一彈丸之地，如今成爲亞太
四小龍之一。這個成果談何容易。「新儒」（新加坡儒學）是
中華文化的道統或傳統呢？其他都不是，此乃是李光耀的理
學。李光耀熱愛中華文化，他也是受西方教育，它在英國劍
橋大學攻讀法律，在取得倫敦執業律師資格，李光耀能以新
加坡的特色創造亞洲第一奇蹟的稱號，非常不易。李光耀所
推動的新儒（新加坡儒學）正是可以使新加坡現代化。新加
坡的經濟發達、社會安定、政治清明等，這是李光耀理學的
成功。新加坡政治或許有些不令西方學者所滿意，但新加坡
人民很感激，也很讚揚。西方人士責怪新加坡政治的不民主，
這或許見仁見智的看法。新加坡的民主政治可能有些缺陷，
有待進一步改進，這個觀點以哈佛大學教授杭廷頓（Samuel P.
Huntington）博士最具代表性，然而他所稱讚的台灣民主政
治經驗，這個看法，我們也不能苟同。平心而論，新加坡以
儒學治國是個成功的例證。[78]

　　其他華人文化經濟圈呢？一樣是成功的。東南亞地區的

---

77 台灣，一九四五年以至二○○○年始終有統獨之爭。所謂統派儒家，
　　基本上以《中華雜誌》和《夏潮》這兩個學術性雜誌爲代表，俗稱華
　　夏體系的統派儒家思想。
78 李登輝，《台灣的主張》，遠流出版社，台北，一九九年，第二八九頁。
　　另可參閱李登輝、中　嶺雄，《亞洲的智略》，遠流出版社，臺北，二
　　○○○年，第六十七頁至一○二頁。

華僑社會，其經濟能力最爲突出，這在印尼、馬來西亞、泰國、柬甫寨、越南、菲律賓等地方均不例外。雖然各別地方儒學本土化程度互異，可是儒家思想的本質是不容易改變的。儒家新教不是宗教，它是倫理與道德，這與西方的基督新教的宗教哲學，在本質上是不同的。可是其對經濟發展的貢獻應該是可以互相媲美的。戰後亞太四小龍所展現的儒家新教「倫理資本主義」（Ethical Capitalism）與歐美基督新教「契約資本主義」（Contract Capitalism）是有立足點的不同。西方哲學從蘇格拉底（Socrates，西元前 469-399）開始一向重視追求眞理，法律的，這是科學的精神。而東方社會從孔夫子開始一向重視人情與倫理的意義，這是哲學的精神。西方社會現代化是從科學邁向哲學的，而東方社會的現代化是從哲學邁向科學的；東方與西方現代化的結局是科學與哲學的結合，彼此相似而不相同。同樣道理，可以解釋西方社會政治經濟發展的方向是法、理、情，而東方社會政治經濟發展方向是情、理、法。彼此也是殊途同歸，但意義卻迥然不同。[79]

　　西方哲學思想就是迪卡爾（Rene Descartes，1596-1650）二分法的邏輯，譬如說勞資總是對立的，而東方哲學思想就是二元一體的邏輯，在管理方面是講究合作、和諧與倫理的關係。西方思維方式所產生的「契約資本主義」社會以美國爲代表，而東方的「倫理資本主義」社會以日本最爲典型。

　　「倫理資本主義」的東方亞太社會還有韓國、日本、香港、新加坡、越南和中國經濟圈的台灣，大陸以及其他華僑

79 雅士培著，傅佩榮譯，《歷史的巨人》（四大聖哲），業強出版社，台北，二〇〇〇年，第二十七頁至三十四頁。

社會等。由於戰後儒家文化經濟圈的傑出表現，此種「倫理資本主義」的經濟制度、經濟政策、社會政策、商業政策等均已廣大引起世人的關注。其中尤其是日本人的敬業、樂業、團結、合群、專業分工、榮辱一體等最有特色。日本經濟是一個小而有效率的政府，大而有活力的市場的具體表現。此外，韓國人奮發圖強、自強不息的「打拼」精神，也是韓國儒家經濟的一個特色。還有，台灣企業界此種重視家庭倫理，所以中小企業也較爲發達，此種儒家企業文化在越南也不例外。

三、從新儒家到新新儒家的思維

（一）「以夷化夏」、「以夏化夷」

一九七八年以後的中國大陸經濟突飛猛進，何以致此？中共回歸文化中國「藏富於民」的儒家思想，此關係重大。然而一九七八年改革開放政策以前的中共是走上中國馬列化的道統，這種「以夷化夏」的政策宣導，還反中國歷史文化的思想長河。所以這段時間內中國大陸經濟發展成效不彰。在同一時期內，民國初年儒家（民儒）似梁叔溟、熊十力、郭沫若、魯迅等人只好與馬列主義者和平共存或多少接受而成爲馬列主義於一二。一九七八年以後的中共，其基本政策是「以夏化夷」。中國儒家思想的種子又開萌芽，而且發展甚快。因爲這是合乎中國水土的。馬克斯思想是有人道的、人性的，但它不同於馬列主義，尤其是馬列主義的教條。何況馬克斯、恩格斯的共產主義最高理想與中國儒家大同主義的「天下爲公」是相通的。[80]所以說馬列中國化是一條必然要

行走的道路。這也是中共實施改革、開放政策以後，中國大陸經濟發展亮麗的基本道理。這正是新儒家學者所重視的對象。新儒家的學者以港、台的學者爲主，也有歐美日本等地的學人，惟其基地在香港。新儒家思想的主要精神是擺脫儒家思想一些意識型態，盡可能接受西方的優點，然後融會貫通。起初是以西方傳統主流思想爲重點，如今則包括西方反傳統主流思想的馬克斯思想在內。新儒家所關心的重點也逐漸轉移到西方的民主、法治、科學與技術等方面。儒家思想容易被世人所誤解的是在朝爲官的意識型態，還有其復古思想。其實真正儒家思想不只要尋找傳統思想中的精華所在，也要探討這個思想的新生力量，以創造儒家思想的生命力。尤其面臨到西方思想空前衝擊的近代中國。在此衝擊過程中燦爛奪目的火花四散，此傷害波及了許多人，那就是民不聊生的苦難中國和悲慘的中國人。其過程是漫長的，也是慘忍的。雨過天晴後，必然柳暗花明。二十一世紀必將是新儒家思想的一片藍天。中國歷史上的漢唐盛世也是「陸上絲路」所致，而宋明時期東南沿海地區的經濟文明則是「海上絲路」之功。在世界歷史上這種文明調和造成國家富強的例子也很多，最具體的是十二世紀阿拔斯王朝，它是結合了埃及文化、波斯文化、阿拉伯文化、希臘羅馬文化、希伯來文化，甚至於印度文化和大唐文化等等。阿拔斯王朝的文明當然超越當時黑暗時期末期的歐洲文明，也超越當時南宋文明。西方文藝復興以後的歐洲現代化文明，也是文明調和的結局。[81]

　　當今新儒家思想正是面臨了文明大調和的時期，它不但

---

81 黃心川（主編），《現代東方哲學》，浙江人民出版社，杭州，一九九八年，第二四五頁至二五五頁。

吸收西方的主流希臘羅馬思想也融合西方反主流馬克斯、恩格斯思想。在二十一世紀新儒家思想將爲東方文明的代表。這將與代表西方文明的基督新教文明相媲美。

（二）「新新儒家」的實踐性

　　新儒家的思想有其時代的優越性，因人文哲學思想意義相當豐富，若能輔之於實用科學的新理性，即更有價值。換言之若能與社會科學、自然科學、科學技術等的結合，可將儒學在國家社會的現代化中造福眾生，其意義更爲重要。這就是「新新儒家」的特性，這也正如宋儒轉變成明儒的過程。宋儒爲西漢以降的新儒學，而明儒則重視「知行合一」的實踐意義。二十世紀末的新儒家也是儒家思想的復興，但是二十一世紀將是儒家思想的實踐時代。這個重視人文思想與社會科學、自然科學的新新儒，不只可以創造二十一世紀東方世界，也可提供許多世界現代化的參考。

　　「新新儒家」所關懷的是如何使社會國家現代化，是重視政治發展，經濟進步、法治清明和社會和諧等，含涉及自由、民主、人權、法治等有關的問題；當然關心的是國民的生活素質的提升，教育的普及，人權的保障、宗教的自由等等層面。「新新儒家」當然也要貫徹「拿來主義理學」的理想，使國家現代化與國際化。新儒家國際化的意義是必要尊重全國或地區文化的特色是個別國家或地區所屬的理學拿來主義。舉例來說，中國可以走上富有的中國特色的市場經濟、民主法治，俄羅斯則可走上富有俄羅斯特色的市場經濟、民主法治，埃及則可走上富有埃及特色的市場經濟、民主法治等等。在二十一世紀裡，最可怕的是文化帝國主義，他要強迫或誘導他國也走上其所揭櫫的現代化模式，這逐漸在他國

產生文化不適應的文明衝突，此會引發這些國家或地區的現代化的種種弊病，不得不慎。

　　《易經》與《中庸》是傳統儒家思想的主軸。一個國家制訂重大政治與經濟政策若能秉承儒家思想的理性精神，則不致於社會發生政策偏差因而能使之不調和現象，如此可以避免一些文化衝突所發生的災難。這不只是儒家文化經濟圈的社會應重視的，同時亦可為世界其他文化經濟圈的社會作為政府決策的參考。因為唯心與唯物結合下的「心物合一」論思想與「天人合一」的哲學思維方式，應該是世界共有的文化資產，也應該為世界人類所共享。但這個哲學思維方式迄今並未為普遍世界所認知，甚為可惜。這個哲學思維方式最大的優點就是尊重世界每一個地區的文化特色。他可以自己的角度去靈活使用《易經》與《中庸》理論，以便促使文明調和為目標，這與西方文化帝國主義者企圖以他們的哲學思維方式強加在他人文化圈裡，這是完全不同的。而正如所謂的新劍橋學派學者，杭廷頓（Samuel P. Huntington）、梭羅（Lester C. Thurow）、布里辛斯（Zbigniew Brezinski）基等等人，他們認為西歐等那一套民主政治、市場經濟，自由平等的言論與人權等可以放諸四海而皆準，很主觀的硬要其他不同文化圈的國家，社會來的接續。[82] 其實不然，這些外來的思想與文化不但能創造成其他社會文化圈國家的水土不合的文化衝突現象，此將帶給這些國家或地區政治、經濟社會等的紊亂與不安。

---

82 薩伊德（Said，Edward W.）原著，王志強等譯，Orientalism（東方主義），立緒文化事業公司，台北，二〇〇〇年，第二十三頁至二〇〇頁。

　　就以政治文化來說，西方的公民政治和全民投票制度或
許是西方北美西歐等已開發國家的良策，這可能是在開發中
國家亞洲、拉丁美洲，非洲等地區的惡策（毒藥）。這個現象
也可謂這些地區的所等等國家因爲公民選舉而產生的許多災
害，如政治權力鬥爭、經濟衰退、社會不正義。這種現象很
容易讓人聯想到這些西方學者的行爲到底是善意還是惡意。
西方文化殖民政策已引起了許多世界其他文化圈人民的不滿
與共憤。

四、經濟全球化的新潮流

（一）資本主義不是一個萬靈丹

　　「新新儒家」是「以民爲本」的思想爲主要，要還政於
民，以確實做到民有、民治、民享的目標。不讓政府、國會
等成爲資本主義的工具。它反對的是假民主、假自由、假平
等的主張。因爲直接民主是要有條件的。在一些民智未開、
民品低劣、民衆素質低落的國家還沒有條件實施直接民主
的，若這些國家貿然實施西方的公民投票和公民政治，其後
果不堪設想。台灣的民主政治經濟發展也有如此現象，何況
那些許許多多開發中的國家政治配套措施都不如台灣，他們
如何去實施西方的民主理念呢？因此許多國家的實施直接民
權未得其利先受其害，甚爲不智。

　　經濟全球化是二十一世紀一大潮流，全世界國家都朝此
方向進行。但是各國的文化與經濟發展不同，若全球各地區
各國都一昧的的經濟國際化則有些國家的經濟未得其利，必
先受其害。因爲經濟已開發國家在經濟自由競爭的方面，在
比較利益的原則下，始終是旗開得勝的局面。他們將享受到

自由競爭豐碩的果實，而那些經濟競爭力比較弱的國家經濟一定會被逼成咀上肉，任人宰割。如此這些窮國家永遠是基於弱勢的，何況也會造成的國際間貧富差距會越來越大。觀察世界上南北半球得經濟差距現況就可說明一切了。另外經濟先進國家所謂的經濟全球化、自由化等主張就是要這些開發中國家放下經濟精神武裝，一昧聽命於經濟已開發國家的步伐，和符合於這些國家的經濟利益。

「新新儒家」重視市場經濟自由化的路向，認為市場經濟並不是萬能，但沒市場經濟是萬萬不能；「新新儒家」也認為政府經濟絕不是萬物，但沒有政府的經濟亦是不可能。[83]當中的基本精神是小而有效率的政府，大而有活力的市場。因此政府的方向與功能亦是不可或缺的。其中的奧妙就是政府的經濟政策一定要通古博今，不做外來經濟思想的殖民地。因此在經濟全球化的過程中適度的保護政策是必然的也是必要的。

「新新儒家」是主張宗教自由的，尊重各種宗教的的價值觀，各種宗教和平共存，甚至彼此融合。所以在中國歷史上沒有所謂的宗教戰爭，而在歐洲文化史上的十字軍東征（1054-1240）和三十年（1618-1648）戰爭造成了許多的悲哀。這種互相排斥的獨一無二「天神」的宗教思想禍害了世界，這豈是宗教家當初的本意呢？例如儘管國際間一再抗議，阿富汗執政得神學士政權仍堅決摧毀在巴米安境內的兩尊第五世紀造的兩尊大佛神像。這兩尊佛像高達五十三米，是世界兩尊最大的佛像。阿富汗的回教徒認為這兩尊佛像有

---

83 同注 75，第一四〇頁至一五五頁。

損伊斯蘭教的尊嚴，這些回教信徒因爲不拜偶像的事物，神學士的發言人則認爲摧毀佛像之命令乃是完成神意。這種看法以充分表示伊斯蘭教的信徒不尊重宗教自由。[84]中東許多的伊斯蘭教國家均主張政教合一。這種情況很容易造成一個政治專制、經濟獨裁，對於實施民主政治、市場經濟的前景是不利的。因此這個地區的政治與經濟發展是比較困難的。

（二）清談老莊、空談孔孟

　　儒學爲人所詬病原因之一是被認爲在朝爲官者廣開言語，此乃違反民主前進的意識型態，所以漢儒及宋儒更爲明顯。另外儒學被批評是空談，被認爲陳議太高空談理學。這種現象很像魏晉南北朝的清談，當時清談的對象是老莊，而明儒空談的對象是孔孟。明儒重視的心學，大家爭著做聖人，於是聖人滿街跑。昔日南北朝清談老莊是清談誤國，而明儒則是空談孔孟空談誤國。清初批判明儒的另一個潛在因素是「反滿」。於是清初儒學則重視經學（經世濟民）。可是清初儒學也重視考據之學。這種考據之風甚盛，甚至於有爲考據而考據之風氣如此與宋儒、明儒學有何不同呢？於是他們自認爲「經即理」取代「性即理」或「心即理」的新興儒學。其結果並非有想像中的那種務實儒學的新特色。清初康熙、雍正、乾隆等諸帝深知中國文化的本質和外族入主中原必須認同中國文化，特別是儒學。所以清初最重視典籍的收藏，最具體的是七大藏書閣（文淵閣、文源閣、文津閣、文溯閣、文匯閣、文宗閣、文瀾閣等）收藏四庫全書及有關文獻。《四庫全書》是乾隆皇帝時組織成千上萬文人儒者編纂的。這部

---

84 聯合報，台北，二〇〇一年三月六日，第十一版。

規模宏大的文獻乃結合中國中國的四書五經之經典著作，二十四史、諸子百家的論著和有關詩歌，文學等作品，這部富有傳世意義的鉅著費時約十年，於一七八一年完成。另外還有《古今圖書集成》，這部著作於一七〇〇（康熙三十九年）開使編纂，於一七〇六年完成。《古今圖書集成》內容也甚為豐富。[85]當然還有其他的許多有關的著作，因此可見清初對於恢復中國文化的重視也可知清初儒學學風甚盛。或許如此，也造成清初儒學一如往昔重於士大夫不務實的現象，因此所標榜的經學已變成另一種空談的理學。於是有了清儒惠棟、戴震的出現。惠棟為吳派，戴震為吳派。惠棟比戴震年長三十五歲，彼此為忘年之交，相互尊重與推崇。他們兩人反程朱義理之學，用考據儒學經典的方式來反對程朱的思想。戴震曾以孟子字義疏証用訓詁疏証儒學，也充實了儒學的具體內容。乾嘉學者戴震惠棟等人以漢儒為圭臬，考據詮釋儒學的真正內涵，但並不盲目崇拜漢儒。戴震惠棟等人要盡力做到通古博今，活用當時思想，力圖做到成一家之言之正統道統，他們反對理學的另一原因是是反對滿州族入主中原，藉口反對理學，用以徹底檢討理學派思想的誤國，這也算是當時知識份子的反省與領悟。清初重視學以致用，力矯明儒的流弊。他們對清初三儒顧炎武、黃宗羲、王夫之的思想也有看法，認為他們三人表面上反對理學空談，事實上也離不開理學的空洞。這乃說明清初三儒與宋明理學同中有異，異中有同。清儒戴震等人的思維方式則一改過去宋明的去人欲存天理的看法，其實離不開《易理》、《中庸》的宇宙

85 胡明（主編），《揚州文化概觀》，南京出版社，南京，一九九三年。

觀，天道觀。宋明理學爲新儒學，乃魏晉南北朝隋唐之後的儒學文藝復興，已經給予儒學新的生命，這是一大貢獻，當然有待後繼者再闡述、再發揚。宋明理學也維持了六百多年，對中國學術思想史也有著重大的貢獻。清儒的特色強調經世治用的實用之義的道理，可知已經在宋明理學的內聖中轉移到清儒經學的外王。所以清儒也批評宋明理學的心性之學實際上也是佛老之道。戴震爲清儒考證之學的代表人物。戴氏說人性的本質多談理學，人性先有情與欲，所以他認爲情與欲乃在理學之中，無情慾乃無理學。這種儒學詮釋的方法與唐儒一樣有當時的時代意義。唐儒中有佛學，實際以佛老來詮釋儒學；佛老在理學之中，此確實有其時代性的意義。清儒以情慾來詮釋理學，當然有其貢獻所在，亦有其時代性的價值。這種把人性的自然爲出發點來說明其對經世治用的功能，甚是務實的想法。此乃唯物主義本質的加強，一改宋明理學太強調空談的理學。事實上亦是如此，宋明理學要人人成爲堯舜，陳義太高，大家要走聖人之道再加上中國傳統儒學士大夫的觀念，造成社會上漂浮的裝模作樣，無病呻吟的僞君子滿街跑。

（三）清儒、吳儒的時代性

凡人皆有情有欲，此乃人之常情。對情與欲的束範也有此必要，這要靠道德的規範，但不能將此情與欲加以固定。人之情與欲在整個社會之團體中的分寸，此乃依道德爲準則。清儒肯定情慾的務實性，這與西方經濟思想的利己相似。西方經濟學之父亞當·史密斯的《國富論》強調的「一隻看不見的手」的利慾功能，乃是人類爲追求利己的滿足，會全力以赴發展人類的潛能，此潛力可以可以創造世界的繁榮與

進步。這是非常重要的一個經濟理念，也是十八世紀以來，西方資本主義的重要依據。清儒戴震強調情與欲的價值觀，在本質上與亞當斯密的《國富論》所代表的西方文明主軸資本主義的精神相契合。清儒強調經濟思想始終未被國人或世人的重視，遑論這個思想可以貢獻給世界人類呢？戴震在其著作《原善》中，論述情與欲，情與欲甚為重要，這是清儒的重心，理與情與欲的分野在哪裡呢？這是理論與實踐的重點，當然有時空的不同價值觀和實用性。如何涵天下之情，涵天下之慾呢？但不是宋儒「以理逼人」甚至於「以理殺人」之過。[86] 情慾乃在理之中，理在情慾之中，不偏不倚，拾情慾而言理，此乃非理也。一國治理天下之君，若不明理就義，恐非天下之福。清儒這種務實的思想，欲宋明理學當然有著相當大的不同。若以宋儒到明儒的轉移是從「性學」到「心學」，明儒發展到清初顧亭林等三儒乃是繼心性之學到經世之學，而乾嘉的清儒則以實證為主要的實學為主軸。實學則富有時代的意義，但並沒有得到應有的重視。在中國近代史上，科技不斷的進步，中西文明的一再交流。理應重視清儒。但事實不是如此。清儒經過乾隆、嘉慶、道光、咸豐、同治、光緒、宣統等幾代皇帝，均缺乏儒者的詮釋與推廣，後來更遭遇到鴉片戰爭以及一連串外國勢力的侵凌，儒家思想變了質；一是執意捍衛傳統儒家的保守派，於是後來才有義和團的亂政，另外則國民自尊心喪失殆盡，國人則崇洋媚外，挾洋人以自重的人物則大有人在，此時此刻中西文化面臨到極嚴重的衝突。這種文化衝突也可分成「垂直面」的與「橫斷

---

86 同前注，第二九二至二九九頁。

面」的文化衝突。前者是中國儒家思想上的異化成為一些腐儒，造成文化上的自我墮落，後者是因為中華文化自我否定而西方文化的穢物接踵而來。上述二種衝突交互影響，中國豈有不衰敗的道理呢？於是中國民族危機已到達存亡絕續的關鍵時刻。自從鴉片戰爭以後，有識之士的愛國的民族振興運動一波接一波的興起；洋務運動、自強運動等均無法扭轉乾坤，拯救中國於危機之中。辛亥革命以後，由於此嚴重的文化衝突積弊極深，一時雖難以化解此一病入膏肓的文化危機。民國初年又因為「五四運動」的某些否定儒學，造成西方文化對中國文化的重大衝擊，繼之中國內憂外患頻仍而至，民不聊生理所當然。這些種種要溯源於清儒之不振有關。

五、吳儒的現代化與國際化

（一）吳儒的特性

清儒最有代表性的吳儒、皖儒學應可從給予檢討與定位，並且發揚光大之，以尋找其新時代的價值。中國幅員廣大，縱橫七千里，歷史悠久，上下五千年。幾個儒家思想的重鎮：閩南的漳州、泉州和潮州（廣東）等金三角有其特色的「閩儒」，客家地區的汀州（福建汀江流域），梅州（廣東的梅江流域）和贛州（江西的贛州流域）等三角地帶的「客儒」，還有揚州、蘇州、杭州等的三角洲地帶的「吳儒」等最具代表性。儒學的發展達二千五百年之久，因為歷史不斷的變遷和中華民族的大融合。尤其是改朝換代之際的民族大遷移。例如春秋戰國、三國、魏晉南北朝、五胡十六國、五代十國、南北宋、元清入主中國等等大變局。這些歷史的動亂，也造成了中華民族的大悲劇，然而也是中華民族與中華文化

的大融合。儒家思想的學術重鎮自然也有大的遷徙；從洛陽、長安到燕京、南京等等。可是新新儒學的代表呢？譬如說香港（港儒）、台灣（台儒），或者是客家地區（客儒）、長江三角洲地區（吳儒）、閩南三角地區（閩儒）等皆有其代表性。可是清儒的大本營江南地區杭州、蘇州、揚州等三角地帶的「吳儒」最具代表性。因爲該地區已經有了清儒深厚的學術基礎，另外該地區也是亞洲太平洋文化交叉地帶，此乃是黃色（大陸）文明與藍色文明（海洋）文明的匯集地帶；地靈人傑，文風鼎盛。此地區應可視爲清儒新新儒家學術思想的新重鎮。

　　蘇州、杭州、揚州等三地乃昔日春秋戰國時期兵家必爭之地。著名的春秋末期吳越之爭，先是越滅於吳，後來越國引用了范蠡、文種等人的計謀又滅了吳國。西漢大儒董仲舒對此事並不以爲然，才會有所謂正其誼不謀其利，明其道不計其功之名言。言下之意要教育遵守做人的義與理，不宜搞大動作，權謀、詐欺等缺德的事，不能勝之不武，做人要安分守己，要認清自己的身分，不能犯上作亂，非份之事等富有深刻的儒家思想的涵義。此乃西漢大儒董仲舒思想的精華所在，也是爲中國封建思想立下了深厚的理論基礎。蘇、杭、揚三地乃富饒之區，歷代經濟繁榮，文風鼎盛。漢朝、唐朝、清朝等中國歷史上三大重要朝代，均是此吳地興盛、繁榮、鼎盛的時期。清儒主以吳地爲重心。此謂若無吳儒之專、皖儒之精、揚儒之通，恐怕無清儒之特色；換言之，若無吳、皖、揚儒之成就，清朝則不能盛、不能大。[87]所以說清儒以

---

87 同前注。

廣義的吳儒爲代表。因此清儒是「心物合一」論應以吳儒爲中心，若吳儒不振，有清一代則不強盛。我們更鄭重推薦吳儒爲新新儒學的代表，因爲吳儒有理論性，亦有實踐性。精研吳儒，可通古博今，避免成爲外來思想的殖民地。我們應推廣吳儒於整個中國，華人社會，貢獻給世界。具體的說要精研吳儒、推廣吳儒，要使吳儒能夠走向世界，擁抱世界、貢獻世界。吳地更是歷史上名君、名臣、名儒、名賈，甚至於名妓的重要出產地，地靈人傑，是一個具體的範子。

（二）吳儒的「實用主義」價值

　　吳地的揚州、杭州、蘇州是江淮的中心地，歷史文化甚爲豐富，爲中國廣義的文化地區之一，名勝古蹟甚多。已有三千多年的歷史悠久的勝地，在中國歷史僅次於西安與洛陽。漢唐以後，吳地更是發展快速。海上絲路開通之後，長江流域更是得天獨厚，這有賴於海洋文明，這充分顯示了宋明東南沿海地區的繁榮與隋煬帝的運河有關，此運河更溝通南北經濟。由於吳地地理位置優越，南北東西交通甚爲便捷，商賈來往甚爲密切，所以吳地經濟發展一直冠居全國，目前情形也是如此。吳地是全國經濟最爲發達，工商業最盛，尤其是發展中的高科技產業最被看好，其不僅可帶頭全中國經濟，而且也可領先全球科技。吳地必經之地，今日則是世界商賈活躍的廣場，來日前途更將被看好。

　　吳地蘇州、杭州、揚州等爲中心的長江三角洲地方可能成爲二十一世紀經濟的重鎮。除了它特有的地理位置優越的條件之外，它的文化意義更值得重視。我們認爲它將是新新儒學的實驗地，來日可望成爲「新新儒學」的典型。西方社會經濟學家韋伯所強調的基督新教文明與資本主義精神的關

係，已受國際學術界的重視。其實基督新教的倫理，在在與儒家孔孟思想裡都已存在。今為所倡議的儒家新教思想已創造了東方儒家文化經濟圈。儒家文化經濟圈的市場經濟已經形成了儒家資本主義的特色。其實這種「倫理式儒家新教資本主義」在二十世紀末已被全球所重視，這與基督新教倫理所創造的「契約式基督新教資本主義」，在意義上是不同的。這更彰顯了倫理儒家資本主義的優越，這是新新儒家的意義。我們也寄望吳儒能繼承統，吸收西方百年來現代化的經驗，徹徹底底實踐魯迅「拿來主義」的基本精神。這當然有待吳儒學者對這一科目進一部作深度研究，將其成果貢獻給世界人類的福祉。「新新儒家」重視中西文化的融合，要擺脫任何意識型態的束縛，它要以「實用主義」的態度與社會科學，自然科學和科學技術等結合，促使國家現代化，增進人類的福祉。

　　一個社會裡若貧富懸殊則是沒有人權的，特別是少數人富裕，多數貧窮的社會裡必然會產生人權被剝削的現象。這以十八、九世紀英國工業革命的經濟最為代表；童工、女工到處都是，工廠的安全措施不佳，工人的福利制度不健全，於是工人的生活，生命是沒有得到應有的保障。這是資本主義社會裡的一般現象，也就是社會主義思想誕生的理論來源。

（三）經濟自由、平等與人權

　　另外一種理論是經濟的絕對平等。這種社會，也是沒有人權的。因為剝削了智者的人權。如此不但有聰明才智的人，其努力成果或潛在智能無法發揮出來，而且無形中是經濟資源的浪費，況且也是違背天生人權的。這在一般社會主義國家或社會理事經常發生的現象。

　　一個富有人權的社會裡，是重視縱貫面的平等，也需要兼顧橫斷面的平等。換言之，這就是立足點的平等。這種因人的聰明才智有智、巧、愚、拙等的不同而人能盡其才的辦法不但合乎人道，同時也是尊重人權的。唯有如此，一國經濟當可發展，國民生活水準與生活素質當可不斷提高。

　　任何一個摧殘人力資源勞力的政策是不人道的。如何使得人的生產潛力得發揮，才會使人的生命意義更為發光，使人的生活更有價值。這才是人權的標準。

　　從這個概念裡，可以引申出許多符合於人權的經濟政策例如生產者的主權與消費者的主權同時的保障；市場經濟與計劃經濟之間的適度調整，能夠確保一個小而有效率的政府，大而有活力的市場。獎勵生產者的投資政策與照顧窮者的福利政策兼顧。

　　一個社會力若有種族歧視，多數民族欺壓少數民族，這是沒有人權的。在十六、七世紀以來，西方列強國家殖民亞洲、非洲、拉丁美洲等國家，他們是經濟剝削、民族歧視、政治勒索等的帝國主義行為，這是違背人權的。如何重視各民族平等，而互有相融合，同時扶弱濟貧，才識合乎人權。明成祖時候，鄭和下西洋為例，並沒有展開所謂的殖民政策，這是中國落葉歸根儒家文化的民族性，此與西方世界的落地生根（天主教文化）或落腳挖根（基督教文化）或落土留根（伊斯蘭教文化）等的行徑顯然有許多不同。這在人權定義上有更進一部詮釋。西方白人盎格魯‧薩克森（Anglo-Saxon）主義批評其他世界如伊斯蘭教文化圈或儒教文化圈等地區的許多國家缺乏民主與人權，這種看法有些勉強。自由，民主與人權等雖然是世界性的語言，但每一個地區因為個別文化

背景的不同，對於上述自由，民主與人權等概念的認定也必然有些不同。西方帝國主義僅經濟殖民地政策，發展至政治殖民地政策，乃至於文化殖民地政策。欲將自己國家主觀的理念強加之於其他國家地區之上，這種做法是違反人權的錯誤。這已引起了如緬甸等佛教民族主義，伊拉克等伊斯蘭教民族主義和中國等儒家民族主義等國家或地區的激烈反抗。

以中國儒家思想文化作爲例子。中國向主張各民族的平等。對外來說，尊重各國的民族主義和宗教自由，所以中國歷史上不會發生宗教戰爭。對內來說，尊重國內各少數民族自治和宗教信仰，所以各民族相處極爲融洽。非僅如此，中國對弱小民族均希望與適當的尊重與協助。這就是扶弱濟傾的道理。

自由，民族，人權，法制等是世界性的，但由於個別地區歷史文化背景迥異，其所呈現的自由，民主、人權和法治的內涵亦顯然有些不同。民主的內容可以慢慢給予培養的，而不是全盤移植的。否則會產生民主化水土不服的食慾不良症。這就是所謂的文明衝突論。如此人權的意義當然最受打擊。換言之，要實施世界主義之前，必先貫徹民族主義之意義。

在一些法治制度尚未完全建立的亞、拉、非等開發中國家，若強調所謂西方式的自由，民主，人權等制度與政策，則會產生文化失調的現象。這將表現在社會，政治與經濟等不穩定的層面上，甚爲不幸。二十世紀末亞，拉，非等地區的許許多多國家確實難逃上述國家現代化過程中的許多弊病。

由此可見一昧的移植西方民主政治發展模式，會產生政

治的「民主病」，一昧的移植西方市場經濟發展模式，會產生經濟的「市場病」。因爲民主政治與市場經濟等均要依本土文化、社會的環境主客觀條件而定。此種現代化西方的民主政治模式或市場經濟模式是可以慢慢培養出來的，但不能從西方經濟已開發國家一昧移植過來。誠如孫中山先生所說的要仿效歐美，駕乎歐美，此可謂用西人而不爲西人所惑，能役西人而不爲西人所奴等的「拿來主義」講的博采眾議。這要看中國知識份子的智慧了。[88]

「五四運動」領導人之一的胡適之先生曾主張「大膽假設，小心求證」的看法是正確的。胡適之先生是採用了英國學人赫胥黎（Thomas Huxley）的「存疑論」和美國學人杜威（John Dewey）的「實證論」爲依歸，是科學的方法和行的哲學，這與孫文學說中的「知難行易」相通的；這恰巧也與鄧小平的摸著石頭過河（摸論）和不管黑貓白貓只要能抓老鼠的貓就是好貓的「貓論」，在理論上是彼此相互呼應的。[89]其主要的理想是政治革命、經濟革命、社會革命等畢其功於一役。這乃是「軟著陸，硬道理」的意義。中國現代化的道路，在方向上是明確的，在做法上是要和諧、漸進的。自由、平等、博愛、人權等均是中國人努力奮鬥的目標，但鴉片戰後，歷經一百多年來的內憂與外患，民不聊生；若要與西方歐美經濟已開發的現代化國家並駕齊驅，恐非一日可成。這亟需有步驟，有程序等才能完成既定的中國現代化民主共和國的道路。

---

88 羅時實，《從經濟學看國父思想》，正中書局，一九七〇年，台北，第一九四至二〇〇頁。
89 實踐乃是檢驗眞理的唯一標準，這是鄧小平的觀點。此觀點源自南京大學胡福民教授的思想。

第五節　中華文化的文藝復興
── 一個綜合性的觀察

　　已如前述，中華文化是多元文化的融合體，中華民族是多元民族的融合體，中華宗教也是多元宗教的融合體。這是「多元一體」，也是「一體多元」的意義。中華文化富有包容性，他不但是儒、道、法、墨、兵、農、陰陽等文化的「融合體」，亦是西方外來佛教文化、伊斯蘭教文化、基督教文化等的「複合體」。中華文化的包容性，這與西方基督教、伊斯蘭教等文化多少有排他性是有本質上的不同。

　　我們重申：中華文化融合了東西方文化，而以孔子儒家思想為主軸；這正如一個交響樂團，它有東方中國音樂，也有西方外來音樂。這個交響樂團是和諧，也是多元一體的，然而此交響樂團的指揮者乃是儒家思想。

　　然而中華文化始自伏羲氏，歷經七、八千年以至於今日，其基本精神一以貫之、與時俱進、本土化。在過程中難免產生了中華文化的量變與質變，進而產生了中華文化的腐朽。於是有了中華文化文藝復興的必要性與必然性。中華文化的文藝復興不是中華文化的復古，而是中華文化的再生。其中尋找孔孟儒家文化基本要義的重要性自可不言而諭。一九一九年「五四運動」曾主張「全盤西化」，這個看法不足取。但是兩千多年來儒家思想所產生的腐朽應予根除，是乃有「打醒孔家店」的主張。此真正的本意是要回歸「尊孔敬儒」的本質。

一、剷除三座思想大山

一九一九年「五四運動」者所宣稱的「打倒孔家店」和「全盤西化」等主張都是矯枉過正的想法，我們不能贊同。然而我們卻主張「打醒孔家店」和「大膽的西化」。我們不做中國古代思想的奴隸，也不做西方外來文化的殖民地。由於西方世界在第十五世紀以後的文化振興與文藝復興，已使西歐、北美等地區的現代化文明照耀寰宇，這深值中國人的傚法。[90]

中國邁向現代化的文明要剷除三座思想的大山，那是保守主義、功利主義和自由主義。保守主義因為思想觀念固步自封，阻礙了與時俱進的新思想；功利主義因為短視、現實和功利自私，阻礙了適時適所的新政策；自由主義因為盲目西化、隨波逐流，阻礙了理性貼切的新觀念。這三座阻礙中國邁向現代化文明的思想大山必需剷除，然後以理性、前瞻性的視野，擬訂適時、適所和與時俱進的治國方針、方案和方法，用以推動中國的現代化文明。

儒家思想是中華文化的主軸，可是腐朽儒學也助長了中國邁向現代化的阻力。中國亟需孔孟儒家思想的文藝復興，這不是儒家思想的復古，而是儒家思想的再生。特別是以前瞻性的眼光來看儒學，並且負於儒家思想對國家現代化的使命。此也不是戀古情節，一眛的看看過去的堯舜禹三代和漢唐等的盛世，而是要為了中華民族子子孫孫的生命和生存獻力。

---

90 沈之興、張幼香等主編，《西方文化史》，中山大學出版社，廣州，一九九七年，第一一四頁至一七七頁。

二、中華文化的基本精神

中華文化的三大聖人是伏羲氏、周文王和孔夫子。伏羲作八卦，周文王釋八卦，孔夫子說八卦。中華文化始自伏羲，這大約是七千多年前的事了。中華文化的本質富有包容性、持續性、創新性等「一以貫之」的特性，它亦有與時俱進和本土化的時空意義。伏羲氏是人文始祖，黃帝是人文初祖，彼此相距約兩千多年；此兩人皆爲傳說中的人物，但在中華民族文化史上俱有代表性和象徵性。伏羲氏是三皇之首，黃帝則爲五帝之首。太史公司馬遷《史記》中的《三皇本紀》和〈五帝本紀〉敘述了三皇乃燧人氏、伏羲氏和神農氏，而五帝則爲黃帝，顓頊、帝嚳、帝堯、帝舜。華胥氏爲伏羲之母，夏朝爲夏、商、周三世之始，華夏民族因而得名。因爲司馬遷《史記》的撰述，也增強了三皇五帝和三代等的可靠性。

誠如司馬遷所言，通古今之變、究天人之際、成一家之言；中華文化的本質富有包容性，它要擷取古今中外各家文化的精華而一以貫之。這個中華文化的本質源遠而流長，已成爲一個代代相傳的模式。[91]

三、董仲舒儒家思想的迷惘

西漢重臣董仲舒大力整合了九流十家的思想而成爲獨特的儒學，這正是董仲舒的儒學；董仲舒是否把握了中華民族文化的基本精神，引伸出董氏儒學的新貌，此有爭議；可是

---

91 太史公司馬遷的《史記》是一部中國思想史的典範。《史記》的思維方式代表中國文化的精神。

董仲舒追認孔子爲儒家之首，此乃儒學的起源。然而董氏儒
學是儒家的眞傳嗎？值得進一步商榷。至少董氏儒學開創了
在朝爲官者儒學的楷模。這種儒家是富有法家特色的權威主
義儒家，其實這也偏離儒家基本精神。儒家思想富包容性並
有集其大成的思想，這似乎與董仲舒獨尊孔儒、罷黜百家的
主張是相違背的。

　　董仲舒儒學多少對於中國歷朝歷代政治、社會、經濟等
安定是有貢獻的。然而也促成中國歷朝歷代的封建主義、官
僚主義和宗法主義等垢病，此也阻礙了中國現代化。中國的
民本思想雖甚可取，然而深受傳統保守主義的影響，所以從
「爲民做主」發展到「以民做主」的可能性甚低。這往往要
藉重外力來達成，這也是中國人的悲哀。非但如此，此種文
化傳統也在妨害了中國市場經濟的發展。當然此也與社會價
值多元化的發展背道而馳的。[92]

　　董仲舒式的儒家文化在中國傳統社會裡是根深蒂厚的，
這種文化思想在中國歷史上是功過互見。它應該不是眞正的
儒家思想。邁向民主政治、市場經濟、多元社會等等目標以
增進人民的福祉和國家現代化文明才是儒家思想治國平天下
的理想。

四、打倒孔家店的時代

　　鴉片戰後，國人的民族自尊心喪失殆盡；強烈的愛國主
義若缺乏國家實力爲後盾的支援，國人一時愛國的情緒只能
以虛浮的口號現出來。這種徒有其表的愛國主義行爲，有時

---

92 艾爾曼著，趙剛譯，《從理學到樸學》（中華帝國晚期思想與社會變化
　面面觀），江蘇人民出版社，南京，一九九七年，第六十頁九十二頁。

也會爲國家帶來災禍？清末的義和團便是一例。其實中國非理性的民族主義，此與中華文化有著密切的關係。中國人是一個驕傲的民族。確實中國人有其值得驕傲之處，那是中國先民歷朝歷代所創造，所累積下來的中華文明。但是這些輝煌的過去，不能代表一定成功的未來。然而鴉片戰後的西方列強對中國的侵凌，使得中國人民族主義更變本加烈，更爲不理性。因此使中國人缺乏自我檢討的能力；這些都是中國邁向現代化文明的絆腳石。其中保守主義的儒家思想也要負起重大的責任。「五四運動」所倡導的「打倒孔家店」是有它的那時的時代意義，尤其是要打倒那些不合時宜的「腐儒」和「俗儒」。

儒學的發展富有時空的意義，否則並非眞儒；此當然不利於國家的經濟發展和現代化。「腐儒」和「俗儒」等不能與時俱進的掌握經濟發展主客觀因素，用以主宰經濟發展、改變經濟環境。這難怪中外學者皆有感於儒家思想與中國經濟發展的負相關性。[93]

腐朽儒學不重視時間、數字、科學、法律和公德心等等惡習，皆不利於中國的經濟發展和現代化。中國農村社會的馬馬虎虎主義等所衍生的中華民族劣根性等也皆不利於中國的產業革命和文化新啓蒙。具體言之，腐朽儒家具有僞善性，缺乏實事求是和解放思想的本質，其不利於中國經濟發展其來有自。

---

93 同前注，第十九頁至二十七頁。

五、打醒孔家店的主張

　　以孔夫子言論爲主軸的儒家思想是中華文化的核心。儒
家思想也是五家（儒、道、兵、法、墨）之主，因爲儒家曾
經在紛爭的諸子百家當中脫穎而出，掌握了中華文化主導的
龍頭地位。西漢董仲舒嘗試著罷黜百家、獨尊孔子的主張，
這種看法雖然有違儒家文化的本質，但是其方向正確。儒家
思想源自易經，而易經出自八卦；換言之，八卦、易經、儒
家思想等一脈相傳、生生不息。儒家思想本是放諸四海而皆
準，可是被曲解的儒家思想有其劣根性，有其腐朽性，當然
有其侷限性，因此豈可放諸四海而皆準呢？甚至於可以被諷
之爲放之四海而不準，這就是腐朽儒家、醬缸儒家、世俗儒
家等垢病的由來。[94]

　　我們主張打醒孔家店，主要的是反對那些錯覺了的儒家
思想，進而產生違反國家現代化、文明進程的假儒家思想。
假儒家思想不是眞的孔子思想的本質，那當然要反對、否定。
因爲也有許許多多人有意無意的在販賣儒家思想的假貨。我
們尊重孔子的儒家思想，反對打倒孔家店、主張打醒孔家店。
「五四運動」所以主張的「打倒孔家店」我們不能認同，因
一九一九年「五四運動」的學者們或許他們的愛國意識值得
肯定，但他們矯枉過正的想法卻是錯誤的，因此我們無法認
同。此時此刻在消極的意義上我們要打醒孔家店，另一方面
在積極的意義上我們要尋找眞正回歸儒家的本質。

---

94 田浩著，姜長蘇譯，《功利主義儒家》（陳亮對朱熹的挑戰），江蘇人
　　民出版社，南京，一九九七年，第九十四頁至一〇八頁。

六、回歸孔家店的本質

西漢董仲舒主張罷黜百家、獨尊孔子，這個為學的態度已違背了儒學融匯貫通，兼容並著、集其大成的基本精神。董仲舒雖然聲稱整合了九流十家的文化與思想，而融匯於一體成為主流的儒家思想，但他說罷黜百家的看法，已偏離了中華文化的本質。中華文化源自伏羲氏作八卦，續自周文王釋八卦，繼自孔夫子說八卦；伏羲氏、周文王、孔夫子等是乃中華文化的「三聖」。他們共同的性質是整合前人優秀的思想，持續先人文化的本質，發揚中華文化的精華。中華文化一以貫之，與時俱進和本土化，一脈相承而且富有「時空」的意義。

中華文化源遠流長，人文始祖伏羲氏樹立了典範，人文初祖軒轅氏黃帝發揚光大之。春秋時代至聖先師孔夫子的儒家思想，乃是中華文化的主軸。傳聞中的伏羲氏雖恐非真有真人，可是有其代表性。史記中的「三皇本紀」，以伏羲氏為三皇之首。司馬遷《史記》的描述，增強了傳聞中伏羲氏的可參考性。伏羲氏作八卦，八卦為易經之理論基礎，易經又為「五經」之首。易經中的元、亨、利、貞等「天人合一」動態不斷發展的哲學成為中華文明的源頭活水。[95]

孔儒的整合性，持續性和創新性等中華文化的本質容易被曲解、誤解；孔儒的一以貫之，與時俱進和本土化等中華文化的精神亦容易被誤用、異化。這不只董仲舒之過錯而已，中國歷朝歷代文化相傳皆有可能積非成是，一錯再錯，例如

---

95 雍際春（主編），《隴右文化概論》，甘肅人民出版社，蘭州，二〇〇六年，第二十三頁至七十二頁。

西漢《鹽錢論》中儒生們有關經濟政策的看法趨向於保守性，此為日後儒家經濟思想的前瞻性留下了消極的因素。這只是一個例子而已。因此我們倡議重新檢討中華文化的基本要義，特別是回歸孔儒思想的本質。

七、東方文化的文藝復興

西方文藝復興是西方希臘羅馬文化的再生。希臘羅馬文化是西方文化的主流，在東羅馬時期的希臘文化東移與埃及、波斯、阿拉伯、伊斯蘭、印度，甚至於大唐文化相結合。

東羅馬的拜占庭文化持續了一千多年。西元三三〇年至西元一四五三年間，東羅馬拜占庭文化也曾經創造了東歐的文明。相對的西歐經過了中世紀基督教政教合一的政權，雖然也有當時西歐文化的特色，例如封建城堡、武士、貴婦等，但是西歐的封建制度也被稱為中古世紀的黑暗時期。直至文藝復興之後，西歐文化的再度西移，並且以嶄新的面貌呈現給世人。從十五世紀開始，以至於今日，西歐文明的光芒照耀了寰宇。這是西歐希臘羅馬文化整合了東西各種文化的優點，但主要的是持續希臘羅馬文化的精神，並且以創新的形式面對著變動的世界。這西歐的文藝復興做到了，世界文明的焦點在西歐，這包括東歐拜占庭文化的西移在內。這個文化與文明的西歐經驗值得東方世界，尤其中華民族文藝復興的參考。

中華文化以儒家思想為主軸。儒家思想也為東方主要文化之一，它與印度文化，伊斯蘭文化等皆為東方世界的重要文化。可是第二次世界大戰之後，儒家文化圈中的中、日、韓、港、臺、新等地區經濟發展的傑出表面，已令世人刮目

相看，究其原因乃是儒家文化與海洋藍色文化的結合。換言之，儒家思想已發揮了整合性的功能，並且以持續性的在這些地區發揚光大。具體的說，這是儒家文化的再生，以嶄新的活力和生命力在這些世界上現代化進程中爭芳鬥豔。這與西方的希臘、羅馬文化一樣展示了其在世界文明的重要地位。

首先必須尋找儒家文化的基本精神，去除腐儒、俗儒、腐儒等的拘絆，同時超越時空的侷限，以與時俱進、本土化的活力和生命力來推動經濟發展和現代化的文明。儒家思想經常被曲解、誤用，造成了經濟發展和現代化文明的障礙。其中包括西漢董仲舒的儒家和《鹽鐵論》中賢良文學等儒生的看法在內。前者傾向於法家的權威主義，後者傾向於道家的自然主義。儒家思想的本質應該是消化古今思想以深化儒家思想。因此儒家思想才有現代化和國際化的意義。[96]

八、大膽傾向西化的考量

中國曾有過驕傲的歷史文明。中國的文明不能說一向是優於西方，但絕對不劣於西方。可是十五世紀以後的中國與西方世界文明相比較，我們只有稱臣。這是因為西方的世界甦醒了，相對的東方和中國沉睡了。相形之下，古老文明的中國，在明朝中葉以後就被比下來了。

西方世界，尤其是西歐北美在西方文藝復興之後，希臘、羅馬文化的再生，接著有了基督教的宗教改革和歐洲社會文化的新啓蒙，特別在產業革命之後，一連串的現代化的新文明、新思維，已使西歐北美完全變了樣，這不但使中國相對

---

96 同注 94。第五十三頁至一三二頁。

落後了，也使天主教世界的東歐也相對的貧窮。在東方的中國尤其是鴉片戰爭之後，中國內憂外患接踵而來，於是民不聊生，非理性的民族主義甚爲高漲，中國逐漸成爲貧窮的代名辭，中國人也就成爲東亞病夫的典型。一九四九年中華人民共和國的成立，中國人並沒有站起來。直到一九七九年以後，治國之能臣鄧小平，他一言興邦的改變了中國現代化的方向，於是中國人逐漸有尊嚴的站起來。

中國人曾經是文明的古國，中國因而也很驕傲的說中國即是天下，天下即是中國。其實中國僅是天下的一部份，天下也不等於中國。中國有中國人的驕傲，中國以外的天下，也有其驕傲之處，他們也創造了世界的文明與現代化，這特別是十五世紀以後的西歐，逐漸結束了中世紀世界的所謂黑暗時期，一步一步的邁向全球化普世價值的現代文明。他們不僅在經濟發展呈現了已開發國家的大眾消費階段，其他在自由、民主、人權、法治和科學、技術等方方面面的貢獻令世人刮目相看。這些層面上，中國人顯然落後了。中國人應該有勇氣的面對現實，也要很謙虛的向西方學習。

正因爲如此，一九一九年的「五四運動」學者人曾主張「合盤西化」和「打倒孔家店」的看法。這個看法不但矯枉過正，也促使中國人民族自尊心的蕩然無存。這裡我們一方面堅決反對「打倒孔家店」之外，也反對「全盤西化」的看法。相對的，我們則主張要「打醒孔家店」的看法之外，也認爲中國人要面對現實，大膽的向西方學習，這包括西方的科學、技術、自由、民主、人權、法治、宗教和文化等等層

面。因此我們有了「大膽西化」的呼籲。[97]

九、新「新儒家」的取向

儒學源自孔子，西漢董仲舒展開了儒學的新階段。經過了春秋、戰國、秦、漢、魏晉、南北朝、隋、唐、宋、元、明、清等等朝代的變遷和思想文化的融合，儒學的本質已有重大的變異，特別道家思想和佛家思想的介入與融入而成為宋代的理學。宋儒重視義理是乃有新儒學的展開。理學是以儒學為主軸，吸收了道佛的思想。儒學本以「四書」、「五經」為主要經典，而新儒學則以「四書」新解為主要。朱熹的《四書集註》即是新儒學的代表著作，新儒家們認為「四書」才是孔孟儒學的本源，「五經」疑為西漢的偽書。宋代理學家認為格物、窮理、致知等為儒家的要旨，這是漢儒所不同的。漢儒是以「四書」之外，另加「五經」等為主要經典。宋儒強調「去人欲、存天理」的涵養境界，並以「為天地立心、為生民立命、為往聖繼絕學，為萬世開太平」，此陳義太高。換言之要做到「修身、齊家、治國、平天下」等「內聖外王」的理想。這必須從人性務實面去思考。[98]

由於宋儒的陳義太高，空有其道德和理想的境界，此與人性的現實尚有相當大的距離，於是有了所謂偽君子的官樣文章出現；譬如說表面上是仁義道德，實際上是男盜女娼。所以儒學經常被官方所稱道，此容易成為政府官僚主義的遮羞布。宋儒雖然經過了明儒、清儒以及現代新儒家的詮述，

---

97 曾仰山，《宗教哲學》，臺灣商務出版社，台北，一九八六年，第二四
　　一頁至二五四頁。
98 同註 94。第一三五頁至一六三頁。

但仍然難逃腐儒、俗儒和醬儒等的侵淫，此形成了中國現代化的障礙。這是朱熹宋儒的「閩派」始所未能預想得到的。

　　一九五〇年代以後的港臺新儒家，富有儒學的時空意義，特別是接受西方主流思想的精神，是乃「消化西方文化，深化中國文化」的具體意義。這個儒學發展的趨勢是正確的。但是港臺新儒家們似乎偏向於人文科學的「內聖」，欠缺社會科學以及自然科學等的「外王」。準此，重視科際整合和實際意義的「新新儒家」正是新時代的產物。

　　「新新儒學」強調是人性的務實面，反對那些唱高調的偽君子。具體的意義是反對那些無病呻吟、自欺欺人、自我陶醉、自我澎脹等腐朽儒家思想的劣根性。因此「新新儒學」是孔孟儒家思想的文藝復興，也是孔孟儒家思想的再生。此也與西方文藝復興是乃古希臘羅馬文化的再生是相似的。

　　西方文藝復興，在西元十五世紀之後大展鴻圖，使西方主流的希臘羅馬為文化，整合了東羅馬時期的拜占庭文化等而融成一體，並以嶄新的姿態來推動西方世界的文明與現代化。西方世界在文藝復興的過程中也出現了宗教改革，特別是基督教的新時代加速西歐、北美的新啓蒙思想，此加速了世界各地的政治民主化，經濟自由化和社會多元化等的新文明。[99]

　　改革開放以後的中國崛起了，一九八〇年代以後的中國現代化模式，對內是以「和諧」為主軸，對外是以「和平」為主要。中國如何從國情的現實出發，然後與國際的理想接軌；從本土的文化出發，然後與全球的普世價值接軌，此相

99　王德昭，《西洋通史》，五南出版社，台北，二〇〇五年，第五五三頁至五八〇頁。

當重要。因此，在這個二十一世紀裡，全世界的人都在看著
中國的未來，這包括中國的文藝復興、中國的啓蒙運動和中
國的宗教改革等等的取向。

十、儒家思想乃是中華文化的核心

儒家思想是中華文化的核心。中華文化起源於黃河流域
而以諸夏爲主要，它是中華文明的生命力。這個文明曾經融
合了中華四周的西戎、東夷、東胡、閩越、北狄、氐羌、苗
蠻等文明而自成爲一個屹立不搖於今日世界的中華文化體
系。

諸夏並非同屬一族；諸夏民族原世居於中國中原的神州
土地，亦即今日的山西、陝西、河南等地區的三角地帶，堯
帝之後歷經虞、夏、商、周諸朝不斷融合，遂成一民族。孟
子乃東夷人，文王則爲西戎人，各民族彼此同化終成一族，
此爲中華民族的源頭活水，也是中華文化的希寄所在。

春秋戰國以至東漢，這一階段時期的黃河流域是中華文
化的極盛時代。這個時期人才輩出，思想家孔丘、墨翟、孟
軻、荀子等，政治家管仲、商鞅、韓非、李斯等皆爲代表性
的人物。據《史記‧貨殖列傳》所載，齊、趙諸地爲戰國時
期經濟的中心，至漢朝移至長安、洛陽等地。漢末中原爲亂，
經魏晉南北朝，特別是五胡亂華，諸夏四周各民族遷入內地，
諸夏世族也南遷江南，於是形成黃河流域文化與文明的大遷
移。這是一個中華文化外移的一般現象，中華文化因此廣播
於整個中華大地。中華文化歷時五千年，縱橫八千里。此外，
華夏鄰國的日本、朝鮮、中南半島的越南、暹羅、緬甸以及
南洋各國也與中華文化有著密切的關係。明成祖時起，鄭和

下西洋七次，此時中華文化向海外的傳播貢獻鉅大。「台灣本無史，荷人啓之，鄭人作之」。自鄭成功開始，中華文化於焉在台灣播種、發芽、成長，此亦與清政府統治台灣二百一十二年有了密切的關係。

　　經過實踐與檢驗的結果，證明中華文化的振興對中國現代化的貢獻至大。台灣曾經對於中華文化的重整不遺餘力，當然今日的中國亦復如此。這是中國希望，也是中國人前途。

第二章　東西文化的融合與普世價值

　　二十一世紀由於科技的創新，國際化是一個未來必走的大道。儒家文化未來的發展一定要首重國際化的推動，北京大學等中國著名高校似可藉此國際化的推動，以晉身爲國際上的學術重鎮，此不但爲亞洲提供學術資源，也爲地球村有所貢獻。

　　基督新教（Protestant）在美國如今似逐漸的稍有沒落。一六二〇年以清教徒（Puritan）爲主的「五月花」（May Flower）號輪船從美國新英格蘭的波斯頓附近登陸。[1]當時清教徒富有使命感，他們計畫要在美國新大陸建設自己的家園；他們積極地在新大陸修路、興橋、耕作、造屋等，祈望能夠讓他們的子子孫孫在美國新大陸快快樂樂生活下去。三百多年來，美國基督新教文化似稍有沒落，如今教友們對美國文化傳播到世界各地憂心忡忡，主要因爲美國資本主義的精神（美國價值）者過份對物質慾望的追求，往往忽略了其他有關人生目標的實現；這種功利、現實的價值觀，使有些美國人精明卻短視、無知，另外則有代表美國文化的好萊塢，其正在發展的色情、暴力等等惡質文化；這些世俗文化使美國人沈淪，

1　清教徒們有使命感。一六二〇年「五月花」號輪船從新英格蘭的波斯頓附近登陸。這條船共載了一百二十一個人，當他們登陸英格蘭時正好是寒冷的十一月，因爲延誤了抵達新大陸，造成了糧食的缺乏。由於他們拒絕食用種子而在飢寒交迫中死去了約一半的人員。

使美國逐漸相對地沒落。美國價值的未來走向為何，乃舉世關注的大焦點。

另外，馬克斯思想裡的許多預言，認為資本主義崩潰的必然性，此確實可以對資本主義世界的預警作用，如今的資本主義並沒有崩潰，相對的，教條式的馬列主義的共產世界已在二十世紀末崩潰。中國共產主義因為回歸古老文化邁向「經濟中國」市場經濟的中國經濟，將使當前富有中國特色的市場經濟創造了中國經濟的另一個藍天。中國經濟的改變已避開了蘇聯以及東歐錯誤的經驗，這是一個例證。中國經濟之所以如此持續發展，一方面是東方文化「亞洲價值」儒家思想的特色，另一方面乃是由於西方經濟文化經驗的借鏡，這也是中國人的智慧。

歷史發展是人的智慧，加上快速進步中的科技，將使人類避免人為錯誤的一些偏差，另外也可改變從過去所謂直線（Linearity）的規律到非直線（Non-linearity）的現象。這個非持續性（Discontinuity）改變是指人類可以用智慧來改變歷史的持續性（Historical Continuity），以達到人類追求的願景。但此種現實的發生也可能有所謂的副作用，比如說經濟環境的破壞、社會正義的缺失等。誠如前述，自覺性的演化是西方資本主義「人定勝天」的具體表徵，東方「亞洲價值」則輔之以參與天地之化育工作，這種「參天化育」以調和「人定勝天」的新格局正是「亞洲價值」具體體表現。世界資訊化、科技化之後，整個地球南北貧富懸殊分歧，這並非過去所謂的「美國價值」或「歐洲價值」所能解決的論題。「亞洲價值」儒家思想的精神若何，正是二十一世紀全球知識界談論的焦點問題。

「亞洲價值」的學術文化特色是要貫通中西文化，但絕對不作外來文化的殖民地，也不作中國古代思想的奴隸；它正在尋找潺潺滾滾的歷史長河和浩浩蕩蕩的時代巨流等兩者的交匯點，然後匯集成為一個二十一世紀的世界學術大主流。換言之，「亞洲價值」等的學術文化特色正是要通古博今的「古為今用，洋為中用」的意義；希望它能匯集成為一股氣壯山河、放之四海皆準而且自成一格的「亞洲價值」的學術大洪流，以貢獻國際。

第一節　東西方文化爭論中的國際化新趨勢

一、東西方文化的興與衰

人們所追求的完美的價值是什麼內容呢？基督新教若沒落，何者可以取代它呢？這使人迷惘。特別是全球化快速的資訊時代，若不能將全球化的內涵給予定位，否則全球化將帶來世界的大災害。因為全球化並非一定是趨向於完美的。全球化也不一定等於現代化，但全球化應該是有助於現代化，因為人民知識訊息的提高，人力資源的品質會提昇，這當然有益於人類福祉的增進。一般來說全球化是一個趨勢，現代化卻是一個方向。可是全球化的經濟，例如世界經濟貿易組織（WTO）將帶來世界貿易的增加，但也可能帶來一些產業結構不甚健全國家勞動力失業的災害，可是世界經濟貿易自由化確實是一個正常發展方面。一些盎格魯－撒克遜（Anglo-Saxon）的白人優越論著，始終認為全球化是對他們

有利的，因為他們有優秀的文化和經濟發展潛力，他們也認為世界的重心在於西方（北美、西歐），亞洲並沒有想像的那麼重要。[2]舉例說，若美國放棄日本市場，美國經濟在國民總生產上只會影響百分之一而已，而美國對亞洲地區的出口，也只不過佔美國國民總生產的百分之二點五而已。[3]另外又一證明的是亞洲金融危機的一九九七～一九九八年期間，美國道瓊工業指數仍然不斷上揚，此足以證明亞洲經濟對美國、西歐等影響不大。[4]這種說法有些勉強。

全球化中還有一個例子，那是麥當勞（McDonald）速食店，這在亞洲甚為流行，但其經濟的重要性在總公司所佔的比例並不大，可是員工服務態度足以影響亞洲的文化，這對中國人來說幫助了他們服務態度，提高了中國人的市場經濟品質和現代化觀念。 ── 這些都是白人「沙文主義」論。

全球自由化的結果，也可以看出當今世界南北貧富分歧的現象。目前全世界近五分之四的人口，其平均國民所得仍在一千五百美元以下。[5]全球自由化之後，這個現象將變本加厲。因為全球自由化之後，一些傳統的工業將被迫衰退，而以服務業取而代之。這當然也會造成經濟先進國家的失業率增加。可是貧窮國家則其勞力密集產業仍有相當的發展空間，因為他們要賣力的生產這些工業產品，以便出口到那些經濟已開發國家，以賺取少量的外匯。因此也有勞工缺乏的

---

2 梭羅（Lester C. Thurow）著、李華夏譯，《資本主義的未來》（The Future of Capitalism），立緒文化出版社，台北，一九九八年，第一至二十一頁。
3 John MickLethwait and Adrian Woo Woodridge,Future Perfect (The Essentials of Globalization), Crown Business, New York, 2000, p.24.
4 同前註，I bid. p.25
5 同前註，I bid. p.23，這個數字恐怕有些低估。

可能性，於是童工、女工因爲低廉的工資就被雇用了，這也多少產生社會問題；十八、十九世紀的西歐情形亦復如此，所以恩格斯（Friedrich Engles）的有關《英國工人階層狀況報告》（Conditions of the Working classes in England）一書於一八四五年出版，這部書是人性的關懷。[6]另外，這有所謂的環境污染、社會安全等問題的衍生。例如中國北京各種污染的程度爲美國洛杉磯的六倍，而中國古城山西省的太原，其空氣中二氧化氮的含量爲美國洛杉磯的五十五倍。此在在足以影響中國人的健康。[7]

　　更重要的一點是全球化的趨勢是經濟自由化和政治民主化等現代化政治、經濟發展模式。這相當困難，一般來說，西方人士對此不抱樂觀，這包括中國的民主化在內。西方人士對開發中國家推展其一廂情願的自由、民主等現代化模式的看法，值得商榷。可是西方的自由主義思想在西方曾被尊重，也曾被批判。西方歐美價值觀的主流思想是市場經濟與民主政治，這些都以自由主義思想爲基礎。自由主義的思想與資本主義的精神是雙胞胎、等相關。海耶克（Friedrich Von Hayek）教授是被公認的自由主義者，他曾也被嚴厲的批判過，可是他的思想始終被視爲世界現代化的一座燈塔。[8]因爲世界潮流永遠是跟隨他走的。此路途雖然坎坷，但前景仍將是一片藍天。這不只是在西方的歐美世界，在東方的亞洲也應是如此。自由主義的思想在亞洲等地區基本上是不受歡迎

---

6 Friedrich Engels, Conditions of the Working Classes in England, 這本書於一八四五年出版，該書影響馬克思（K. Marx）的思想甚大。
7 John MickLethwait and Adrian Woodridge, 同注 3， op. cit., p.26.
8 Friedrich Von Hayek, The Road to Selfdom, 這本書於一九四四年出版，他逐成爲芝加哥大學自由思想的精神支柱，世界自由主義的燈塔。

的，特別是曾在蘇聯時期影響下的亞洲地區。可是世界潮流
與時代巨輪一定會往自由「順水」的方向邁進。質言之，自
由主義的現代化方向，也是亞、拉、非等開發中國家長期奮
鬥的目標。可是自由主義與自由現代化社會是不盡相同的。
自由主義可以說是一個方向指標，它是現代化的燈塔；我們
所強調的自由主義是一個指標，但不是一個可行的普世價
值。現代化是思想的「自由」而不是「自由主義」。因為自由
主義還會衍生「自由病」，這不可不慎，特別是在亞、拉、非
等地區的開發中國家。這些開發中國家由於人力資源等條件
的不足，實施自由主義思想的現代化的時機尚未成熟，何況
這還有其傳統文化因素的考慮。這些國家領導人為了政權上
的統治，也不得不採取一些不符合於自由主義思想的制度與
政策，其中馬克斯主義在二十世紀曾經在社會主義陣營裡被
視為重要的統治工具。一般來說，這些地區有關的國家領導
人並不完全能體會馬克斯思想人道主義的本質，他們曲解、
誤用馬克斯思想，因而禍害了人類的福址。這一點在中國大
陸也曾發生過（文化大革命時期），甚為不幸。馬克斯主義思
想在二十世紀已經造成人類的重大傷害，也是自由主義思想
的大敵，它是反世界現代化潮流的，其在二十世紀也已經經
過了實踐與檢驗，證明不適合於這個世界，這在二十一世紀
勢將全部化為歷史灰燼，[9]可是馬克斯的思想本質必將永垂不
朽。

　　國際化是一個歷史發展的新趨勢，但反主流、反自由主

9　一八四八年的馬克思與恩格斯的共產黨宣言（The Manifesto of
　　Communist Party）不能代表真正的馬克思與恩格斯的思想，但它已禍
　　害了世界，因為它被政客誤用了。

義的思想對資本主義者的挑戰也是正常的。東西文化中的市場經濟邁向自由化是必然的，這是一個艱苦的現實，也是世界美好的潮流。國際化的歷史新潮流無法逆轉，我們不但要面對國際化、擁抱國際化，也要出走國際化，貢獻國際化。

二、全球國際化的定位

　　在二十世紀，世界曾發生了二次世界大戰和一九三○年代世界經濟大恐慌等重大事件，但影響最深莫過於馬列教條共產主義的興起與崩潰。什麼是好的經濟制度？什麼是不好的經濟制度；這在二十世紀的實踐與檢驗也多少得到了某些答案。當中，全球化、地球村的理想也因為資訊工程電腦事業、網路系統的發達而有重大的突破，這是「資訊資本主義」時代的來臨。因而世界各地彼此能見度的大為提高，經濟社會逐漸由單元化到多元化。世界貿易組織（WTO）的發展便是一個具體的例子；這是世界經濟秩序的重新調整。就以對外貿易而言，自由經濟的結果是造成經濟已開發國家的大量失業，也造成世界南北經濟貧富不均勻的原因。這是李嘉圖（David Ricardo）比較經濟利益經濟理論（The Theory of Comparative Advantages）的後果，這正是二十一世紀經濟學者要討論的另一重點。

　　全球化的過程中，經濟先進國家的西歐、北美等盎格魯－撒克遜民族將展示其文化殖民主義的功能，這是因為他們在一五一七年馬丁·路德（Martin Luthern）宗教改革以後有先天性的優勢，這一方面可達成世界快速走向現代化；這是市場經濟、民主政治、自由宗教等的力量，但也可能對這些先進國家經濟現代化移植其強調所謂的先進政治經濟制度到

開發中國家，所產生不適應症而造成重大的經濟現代化代價。這就是西方新保守主義學派學者必須拿出良知來面對、來討論的一件大事。[10]

　　二十一世紀人們所追求的有世界性普世的價值，但也有各自地區性特色。前者是所謂時代航行中的巨輪，後者乃是各地歷史流動中的長河。如何在二者當中找到交叉點，這是各國家、各地區現代化的重要途徑。西方學者批評東方「亞洲價值」中的專制、獨裁等特色；此與西方世界歷史文化背景不同，故不能武斷式的認為西方的觀點是正確的。[11]這一個大課題必將在二十一世紀大為發酵，這也將是東西文化大論戰中的主要內含。必須注意的是：西方模式中的市場經濟、民主政治、宗教自由等的主流思想，這正可能是東方等某些地區以及其他世界的亂源。換言之，西方現代化的仙丹，也可能造成東方現代化的毒劑，此不能不謹慎。

　　一般而言，中國經濟勢將在二十一世紀脫貧致富，這是因為中共在中國大陸經濟改革的成功，繼之是中共的政治改革，此無法避免。何種模式的中國民主政治改革，舉世關注；這在中國大陸的內部必也有重大的爭論，這更是中國大陸政治思想潮流的主要泉源。然而中國大陸知識界卻有一個共識，乃是自由、民主的中國必將到來，但是西方那一套自由民主模式不適合於中國。為何呢？五千年古老的文化中國，可是近代中國遭受到帝國主義殖民侵略戰爭以後，種種不平等條約的簽訂，使得中國人民不聊生。今日中國民族主義高

10 新保守主義學派的學術思想以芝加哥大學、史丹福大學（尤其是胡佛研究所）的經濟學者為主。這個思想也引申出西方民主政治的主張。
11 Samuel P. Huntington, The Clash of Civilization and the Remaking of the World Order, Simon and Schuster, New York , 1996, pp.20-35.

漲是歷史的必然產物，這在二十一世紀不容易消退。換言之，中國人抵抗西方文化的侵略也是必然的，雖然也有所謂崇洋媚外者竭力可能對西方式的民主自由的嚮往，但這無法抵擋中國文化民族主義的歷史大洪流。誠然西方文化「基督新教」資本主義者仍要對東方國家的「儒家新教」文化地區和伊斯蘭教文化地區等加以攻擊；但近世紀伊斯蘭教文化本身在實踐上的確有其弱點，可是「儒家新教」文化地區在二十一世紀的傑出表現一定可以預見的，此已構成對抗西方文化入侵的大主流，而中國當然要扮演者捍衛中華文化正道的主要功能。此外，中國人貧窮的時候或許能保持政治、社會、經濟等的穩定，但經濟發展之後，中國人富裕起來之後，就有所謂飽暖思淫慾或飽暖思權力的民族性格現象。中國人一旦致富之後，其所要求的事情就多了，這包括對政治權力以及其他名利等的要求，將特別強烈，因為儒家「學而優則士」，或「商而優則仕」的觀念根深蒂固，中國人對於政治權力的慾望必然熱中。其他的衍生問題，譬如說奢移浪費的現象，或者是貧富懸殊之後有所謂人權等問題的發生。在國家經濟貧窮的農業社會或許社會政治經濟等問題比較單純，一旦國家經濟富裕之後，工業社會所衍生的社會、政治、經濟等問題就接連而來。這是中國歷史的經驗，也是大家甚擔心的議題。中國人個別智慧似乎比較傑出，但是三個中國人集合起來就比不上三個日本人。這就是所謂中國的「雞」的文化—好鬥；而所謂日本「鴨」的文化 ── 合群。另外的比喻是三個英國人可組織政黨，參與政黨政治；三個德國人，則可組成一支軍隊，參與侵略戰爭；這與三個中國人在一起則相互打架的情況完全不同。雖然這只是　個比喻，但意義重大。因為這

是中國人脆弱民族性的表徵，我們實在很擔心二十一世紀中國人還會富強多久。中國好鬥，所謂天無二日，山無二虎，值得警惕。還有貪污腐敗的問題，雖從自古以來全世界都有，但中國人的污貪腐敗也是一種可怕的特色。[12]

　　伊斯蘭教的激情在二十一世紀將有所發展，因為在未來貧富懸殊社會缺乏公義的世界，伊斯蘭教「落腳留根」可藉機而動。激情的伊斯蘭教不但會造成國家政治、經濟、社會的不安，也會造成世界性的國際戰爭，這與伊斯蘭教異化的教義有關，這可能是世界的另一亂源。伊斯蘭教地區確實也是世人關注的重要地區。[13]佛教的慈悲因而比較消極，這是貧、病、老、弱者等的精神寄託即在。基督新教主宰世界，影響世界的優越心態在二十一世紀文化價值多元化的趨勢下，將因現實環境而稍有收歛；天主教與中南美洲國家本土化融成一體，這需要歐洲天主教國家的精神指導，才不會有偏差。但天主教與基督新教的最大不同在於天主教徒能順應當地的環境而融成一體的本土化；這是天主教的生命力，天主教徒（特別是遠赴他國的傳教士），他們並沒有所謂「落葉歸根」的觀念，令人敬佩；這一點比中國傳統文化為不願遠死他鄉的觀念還要超脫，這是天主教文化「落地生根」的特色，但天主教文化並沒有發生產業革命的因子，這在經濟發展上永遠比不上基督新教國家，這可從北美、西歐等經濟已開發國家與中南美洲國家經濟經驗得到例證。可是基督新教國家的「落腳挖根」的行為方式也令世人感嘆。天主教文化

12 王亞南，《中國官僚政治研究》，天山出版社，台北，一九八〇年，第二十至三十一頁。
13 Samuel P. Huntington，同注 11，op. cit., pp.20-35.

固然有其特色，但這在二十一世紀裡，貧富懸殊的天主教社會問題將更凸顯，因此天主教徒地區的扶貧脫困恐怕是一個極爲重大的問題。[14]

　　文化是王道的行爲，武力是霸道的表徵。文化力量或許敵不過武力霸道於一時，但文化的生命力將永遠勝過霸道的強權。古希臘雅典的文治敵不過斯巴達的武功，但斯巴達的霸道永遠敵不過雅典的文明；希臘曾敗予羅馬，但羅馬終被希臘文化所征服。蒙古西征又是一個例子，蒙古人在十三世紀至十五世紀（西元一二四〇到一四八〇年）統治歐洲大部份土地達二百四十年，但蒙古人沒有留不住任何文化遺產，其給人的印象是武力與霸道。另外元朝在中國也是一樣，統治了九十年，只給人一個印象，是武力征服了中國，最後當然被中國優秀的文化所同化掉了。其理甚明。這就是中國人頭可以落地，但中國文化不會斷送的道理。

　　伊斯蘭教在中國的發展是有前途的。這是因爲有許多伊斯蘭教文化與中國文化是相通的。這比方說，伊斯教的教義重視忠、孝、仁、愛、信義以及和平等等思想，這在中國文化儒家思想裡都可以看到。這特別是中國儒家文化的包容性，其可以接受伊斯蘭教在中國的發展，並不會發生宗教的衝突，反之則不然。伊斯蘭教教徒信奉眞主阿拉，但中國伊斯蘭教徒也同時膜拜祖先，彼此不相抵觸。就以中國寧夏回族自治區來說，回民約爲一百八十萬人佔該地區人口的三分之一，寧夏回民與漢民相處得非常融洽。[15]寧夏的回民有其

14　魏萼，《中國國富論》（一個富有中國特色的新國富論），時報出版社，台北，二〇〇〇年，第六〇一至六一四頁。
15　中共寧夏靈武縣委員會編，《寧夏靈武》，靈武，寧夏，二〇〇〇年，第二頁。另請參閱寧夏銀川晚報，八月二十五日，二〇〇〇年。

代表性,他們可以說是全世界最不強悍、最理性的伊斯蘭教信徒之一。寧夏地區經濟發展落後,就以平均國民所得來說,在中國大陸僅高於青海、西藏、內蒙和新疆等少數地區。目前寧夏奮鬥的目標是經濟發展和提高人民的生活水準。一般人咸認為既使寧夏人民生活水準提高以後,寧夏回民也不會搞民族分裂。這個情形與台灣不同,台灣人因為國民生活水準提高之後,許多台灣人民會積極的搞台灣分裂主義。台灣之所以如此,也有所謂歷史上外來政權侵略的因素造成。這一個台灣民粹主義情結所發生的分裂主義政治主張在寧夏應不致於會發生。

「亞洲價值」將在二十一世紀為世人所重視。主要的原因是戰後五十幾年來亞洲地區(特別是東亞)經濟發展亮麗表現,而西方世界經濟發展相對的慢。[16]所以也有所謂從「西方的崛起」到「西方的沒落」的評論。東方世界從昔日的崇洋媚外、挾洋人以自重,發展到今日東方人的自我驕傲。其實現階段東方世界的現代化與西方世界相比較,仍有相當距離。難怪西方學者如梭羅(Lester C. Throw)等仍然堅持二十一世紀還是西方的世紀。[17]

未來理想的國際新秩序為何?思想家、學者們的看法不一。克魯曼(Paul Krugman)、[18]索羅斯(George Sores)、[19]紀

---

16 John Naisbirt 著,林蔭庭譯,《亞洲大趨勢》(Megatrend Asia),天下文化事業有限公司,台北,一九九五年,第 293 頁。

17 梭羅(Lester C. Throw),同註 2。

18 克魯曼(Paul Krugman)著、洪財隆譯,《克魯曼驚奇》(The Accidental Theorist-and other Dispatches from the Dismal Science),先覺出版社,台北,一九九九年,第二至三十一頁。

19 索羅斯(George Sores)著、聯合報編譯組譯,《全球資本主義的危機》(The Crisis of Global Capitalism : Open Society Endangered),聯經出版文化公司,台北,一九九八年,第一至二十四頁。

登斯（Anthony Giddens）、[20]梭羅（Lester C. Thurow）、布里
新斯基（Zbigniew Brezinski）[21]、李光耀、[22]馬哈地（Mahathir
Mohamad）[23]等人皆有不同的見解。梭羅、布里新斯基等人
多少傾向於盎格魯－撒克遜等的白人優勢論。他們的看法認
為二十一世紀仍然是西歐、北美等為主流的世界。他們之所
以有如此的觀念，主要是認為西方世界現代化的文化與思想
的優越性；其所表現的不只經濟發展的領先，而且在國民生
活品質的提高，尤其是他在現代化的政治、經濟、社會等文
化與制度的傑出表現，確實也足以令世人效法。因為他們不
但有優越性的現代化表現，而且有優越性的文化，希望能夠
影響世界，因此有人批評他們為文化帝國主義，正在積極的
推展所謂文化殖民政策，以取代過去的經濟、政治等殖民地
政策。[24]這個看法，見仁見智。這個西方文化思想的最大特
色是物競天擇、優勝劣敗，適者生存，自然淘汰。這個文化
思想體系的後果經常是國內貧富懸殊和國際發展不平衡。這
個詬病由來已久，先是有所謂的曼撤斯特效果（Manchester
Effects），後來也有所謂的社會主義費邊（Fabian Society）思
想和潮流。[25]資本主義社會不斷的發展補充，雖然有今日的

20 紀登斯（Anthony Giddens）著、鄭武國譯，《第三條路》(The Third Way:
　 The Renewal of Social Democracy)，聯經出版文化公司，台北，一九
　 九九年，第二十五至三十八頁。
21 布里新斯基（Zbigniew Brezinski）著、林添貴譯，《大棋盤》(The Grand
　 Chessboard)，立緒出版社，台北，一九八八年，第一五八至二八二頁。
22 李光耀先生以儒學為號召來推動新加坡的現代化。儒學定義如何？李
　 光耀先生有主見，此即所謂李光耀的儒學。請參閱《李光耀回憶錄》
　 （1965-2000），世界書局，台北，2000年。
23 馬哈地（Mahathir Mohamad）執政馬來西亞將近二十年，他主張適當
　 保護主義的世界經濟，自稱為「亞洲價值」的代表。
24 文化殖民主義亦即昔日所謂的文化帝國主義，此在二十一世紀將全部
　 取代過去的政治、經濟殖民主義。
25 曼撤斯特效果（Manchester Doctrine）的諷刺。亞當·史密《國富論》
　 在曼徹斯特實驗的結果加深了馬克思的思想。

社會資本主義的發生，但仍難避免資本主義社會和社會正義之間的衝突實證。這也是盎格魯－撒克遜主義最大的缺點。

索羅斯是二十世紀晚期的傑出金融操家、猶太人智慧型的世界金融主義者，他富有操作國際金融的超人智慧，因而賺了許許多多的錢財。[26]

但他也做了不少慈善事業，貢獻了社會正義。他因爲是金融證券與外匯操家，所以被世人批判；因爲他是慈善家，所以也被世人所稱許。然而他最偉大的是他的經濟金融思想。他主張成立類似於世界金融聯合國的構想。根據他操作金融因而賺了不少投機財富的經驗，所以他主張世界各國經濟金融透明化，這包括經濟金融制度、金融政策等。基於這個世界各國單一經濟金融架構，如此可以防止操家的金融投機操作。索羅斯反對經濟金融的保護主義，他是經濟金融的理想主義者。他認爲目前的國際貨幣基金和世界銀行等國際經濟組織，有其侷限性。

第二節　一個富有儒家文化特色的學術思維

當前的世界正面臨全球化和資訊化的激烈變動時代，多變是常態，不變才是反常。[27]柯里（Jan Currie）教授亦提到全球化的正面及負面的論說，並指出正面的辯証是大勢所趨，沒辦法抵擋這股走向國際化的趨勢；[28]負面則是害怕全

---

26 索羅斯（George Sores），同注 19。
27 張建邦博士是位教育思想家，他經常提出「二十一世紀是一個資訊爆炸的時代」等思想與觀念。
28 Jan Currie, Janice Newson, (edited). Universities and Globalization,

球化後，假若因應不當則會受到傷害。[29]

一、西方學術思想的借鏡

舉凡一個學術思想之所以產生乃是因為當時、當地的人文、社會與科學環境發生變化而引起的。例如法國巴黎大學之所以於十四、十五世紀獨領風騷，主要原因是西歐文藝復興前後政治、經濟、社會安定，而且道德情操高尚，所以法國重農主義（Physiocracy）學派的學術思想為當時世人所稱道；而後英國牛津大學的崛起，正是因為英國重商主義（Mercantilism）學派的學術思想為當時西歐、南歐等地經濟思想的主流。此外，英國古典學派（Classical School）的經濟思想是對重商主義學術思想的修正而興起，其中亞當‧史密（Adam Smith）一七七六年的巨著「國富論」的問世，正是有其劃時代意義的代表[30]。當然的，一八九八年馬歇爾（Alfred Marshall）「經濟學原理」（The principles of political Economy）的出版所代表的新古典學派，其意義亦復如此。[31]一九三六年凱恩斯（John M. Keynes）「一般理論」（The General Theory of Employment, Interest and Money）的出版，這是英國劍橋大學學術思想的偉大貢獻，也是另一劃時代意義。[32]

美國哈佛大學為主的新劍橋學派，正是凱恩斯思想的延

Sage publication, London, 1998, pp.1-12.

29 同前注。

30 Adam Smith, An Inquiry into of the Nature and Causes of the Wealth of Nations, Random House, New York, 1957.

31 Alfred Marshall, Principles of Economics, 該書於 1898 年出版，是從微觀角度切入，也是新古典學派經濟學的開始。

32 John M. Keynes, The General Theory of Employment, interest and money, 該書於 1936 年出版。

長；哈佛大學韓森（Alvin Hansen）教授的貢獻最大。但因為戰後二、三十年後的經濟發展，直至一九七〇年代的凱恩斯經濟思想已是江郎才盡，於是古典學派經濟思想又開始復甦，這是美國芝加哥大學為主的古典學派新經濟（Classical School: A Restatement）學術思想再被世人所重視，這是美國芝加哥大學的經濟學術抬頭的主要由來。其間所謂新古典學派的經濟成長理論（Neoclassical Economic Growth Theorem）是美國麻省理工學院的學術思想與貢獻為主要，這也被世人深深的肯定。

　　如今，所謂的哈佛新劍橋財政學派和芝加哥古典貨幣學派等二者的經濟學術思想的明顯對立，各有其代表性的意義。這是哈佛大學、芝加哥大學等的學術特色被肯定、讚譽的主要原因。此外，也有許多其他傑出的經濟思想，譬如說奧地利維也納大學為主要的歷史學派（Historian School），瑞士洛桑大學為主要的一般均衡理論（General Equilibrium Theorem）學派、瑞典斯德哥爾摩大學為代表的福利國家（Welfare State）學派，以及美國中西部幾個著名大學如威斯康辛大學，密西根大學，明尼蘇達大學等的經濟制度（Institutional）學派等等皆有其特殊的學術貢獻和代表性，聞名於世。

　　以上所探討的均為西歐經濟經濟學術的主流思想，但也有反主流的經濟學術思想，那就是以馬克斯「資本論」（Das Kapital）為主的社會經濟學術思想；它也有其特殊的時代背景而產生的。又若沒有「曼徹斯特的效果」（Manchester Effects），則沒有一八四八年馬克斯與恩格斯（Frederic Engels）的共產黨的宣言（Manifesto of Communist Party），

更沒有一八六七年「資本論」等的巨著。[33]正因爲這個緣故，它影響世界也極爲深遠。西方馬克思教條式共產主義的學術思想也曾企圖國際化與全球化，但它是經不起時代考驗的。這於一九九〇年代已幾乎全部土崩瓦解；目前部份標榜此種教條式共產主義的幾個國家如北韓、古巴等國也將在二十一世紀裡崩潰並且化爲灰燼。

　　在二十世紀，各種經濟的學術思想已經做了全面的實踐與檢驗。這個經驗是從西方的崛起到西方相對的沒落的實證；這不只是西方主流的資本主義的經濟學術思想，也包括西方反主流的共產主義經濟學術思想在內。在同一時間裡東方經濟發展相對的傑出表現，先是「亞太四小龍」和日本經濟，後是一九七八年中國大陸改革開放以來的驚人奇蹟，令西方人士刮目相看。此外，還有馬來西亞、越南、泰國等，她們在東南亞經濟的相對優勢，此皆足以證明東方經濟學術思想的特色。因此東方「儒家新教」經濟學術思想的眞正內涵正是西方學術界人士正在積極探討的焦點。這也是美國新劍橋學派學者們如杭亭頓（Samuel P. Huntington）、[34]布里辛斯基（Zbigniew Brezinski）、福山（Franciscs Fukuyama）、[35]梭羅（Lester C. Thurow）、岡本（Daniel Okamoto）[36]等等人士刻意強調二十一世紀西歐、北美等市場經濟、民主政治、自由宗教等訴求的重要性，以彰顯其優越性，並見一再批判亞洲新加坡李光耀模式、馬來西亞馬哈地模式和中共社會主義

33 Karl, Marx, and Frederic Engels, The Manifesto of Communist Party, Arlington Heights: Illinois: AHM Publishing Corporation,1995
34 Samuel P. Huntington, 同注 11，op. cit. pp.36-48.
35 Lester C. Thurow, 同注 2，op. cit. pp.85-88.
36 Daniel Okamoto, From MITI to Market, Stanford University, Stanford, California, 1994, pp.1-100

經濟發展模式、並且擴大渲染一九九七～一九九八年亞洲金融風暴的嚴重性。[37]儘管如此,「亞洲價值」已被重視,並且也是被熱烈討論的對象,因為「亞洲價值」確定有其特別的意義。可是「亞洲價值」是什麼,以何為代表?雖然眾說紛紜,但似也可看出其內涵、本質的基本端倪。[38]

二、東方「亞洲價值」的探討

中國是一個文明古國,其文化也當然有代表性。儒家思想經常被視為經濟發展的絆腳石,韋伯(Max Weber)[39]以及費正清(John K. Fairbanks)[40]等甚有影響力的「中國通」,似乎都錯覺了中國文化儒家思想的本質,特別是對中國傳統封建思想的認識以及其對於中世紀歐洲莊園、基爾特等封建組織的解釋完全錯誤,因為他們是從中世紀歐洲基督教專制經濟的經驗來看中國歷史,這是張冠李戴的想法。目前「儒家新教」經濟思想無形中正在展開如火如荼的東方文藝復興與啟蒙運動;這對將二十一世紀展現出萬丈光芒。因此就有西方世界所謂文明衝突論的到來。杭廷頓(Samuel P. Huntington)教授等人的文明衝突論特別指明會在伊斯蘭教和儒教等地區發生,並且將帶來世界政治、經濟、社會等的經濟發展災害;這種看法,在學術上是站不住腳的。因為他是從西方的學術立場看東方學術文化的本質,這種移花接木

---

37 Samuel P. Huntington, 同注 11,op. cit. pp.20-30.
38 John MickLethwait and Adrian Woodridge, 同注 3,op. cit., p.385-388.
39 Max Weber, The Protestant Ethics and the Spirit of Capitalism, Free Press, New York, 1985.
40 狄百瑞(William T. De Barry),〈中國知識份子的角色與地位〉,《中國歷史專型時期的知識份子》,(余英時等著),聯經出版文化公司,台北,一九九二年,第二至三十三頁。

的方式來看東方文化的說法是犯了學術思想的色盲症。這正是東方社會「儒家新教」實踐者要加以駁斥的,這也將是二十一世紀東方國家知識份子的學術良知與使命。這當然也應該正是東方「儒家新教」學術思想發揚光大的重要契機。這一方面是東方國家實踐與檢驗被肯定後的東方經濟發展成果,另一方面則是西方國家二分法學術思想本質上的缺失。這將是東方的崛起,是嗎?

　　台灣在戰後曾是古老中國優秀文化的捍衛者。台灣經濟發展經驗(台灣價值)自有其無可取代的學術價值和歷史經驗。日本、韓國、新加坡、香港等東方國家經濟發展經驗離不開「儒家新教」的經濟思想 —— 私有財產制度與市場經濟模式爲主軸。二十幾年來此又得到中國大陸經濟發展的重要佐証。因此,所謂的「亞洲價值」應可以做爲東方文化的代表,而東方文化應以儒家思想爲主要。戰後的台灣經驗確實曾引起世人的共鳴,中國大陸經濟發展經驗離不開中國文化經濟發展的思維方式。換言之,台灣經濟發展得失經驗正是中國大陸經驗邁向二十一世紀的殷鑑。因此台灣的經驗、中國的道路、儒家的思想、東方的文化、亞洲的價值等是一脈相承的。「亞洲價值」是否能夠成爲世界經濟發展的新主流呢?大家拭目以待。

　　東方學術思想主要來自天人合一或神人合一的哲學基礎,而西方學術思想主要來自天人分離或神人分離的思維方式。因此東方學術「文化調和」易學的理論不同於西方「文化衝突」的辯証邏輯。產業革命以後,所產生的文明衝突,顯示西歐資本主義國家的文明失調,其缺乏社會正義所產生的弊病正如失業、通貨膨脹或所得分配不平均、貧富懸殊等

等症狀，還有歷史上多次的宗教戰爭所引起的社會動亂，這些都是具體的例證。二十世紀發生了二次世界大戰、一九三〇年代世界經濟大蕭條，後來還有教條式馬列共產主義的崩潰、資本主義的相對沒落等等，於是有所謂第三條路哲學的思維。英國倫敦政治經濟學院紀登斯（Anthony Giddens）教授並且認為這「第三條路」的經濟發展模式是邁向「亞洲價值」的現代化發展模式。[41]這個看法雖有些勉強，但也是可以說明西方相對的沒落和東方的崛起。這乃是新加坡李光耀和馬來西亞馬哈比所樂樂稱道的。其實《第三條路》的哲學是否足以代表「亞洲價值」的東方儒家思想，此在學術哲學上仍然有一段相當的距離。這個東方文化的特色正也是東方世界有關國家或地區學術界目前要積極努力闡揚的重要論題。

事實已證明中國大陸在一九七八年以前的現代化發展方向有了明確的錯誤，直至中共實施改革開放經濟改革後，其所調整的方面已朝正確的方向去，但其過程也遭受到慘重的代價。台灣的經濟發展方向一向是秉承中國文化儒家思想為主要的學術發展方針，事實也已證明中國大陸曾經歷了重大經濟發展方向上的錯誤。如今，台灣與中國大陸在經濟發展方面均在中國文化的思維大道上運行。換言之，二十世紀的實踐與檢驗後也證實台灣經濟發展經驗甚富學術價值。因此在所謂「亞洲價值」的二十一世紀，台灣（台灣價值）在推展「亞洲價值」學術的過程中不能缺席。因為台灣經濟發展經驗的價值也是「亞洲價值」中的一個小環結。

---

41 Anthony Giddens 著、鄭武國譯，《第三條路》(The Third Way: The Renewal of Social Democracy)，聯經出版社，台北，1999。

三、儒家文化特色的學術思維

　　北京大學的學術精神是學術自由、學術獨立、兼容並包、多元一體；一般來說，這與中國傳統文化的精髓相一致，也正如王陽明學說裡「萬物一體」的精神相一致。王陽明的儒學思想是秉承中國傳統儒學而發揚光大的，富有承先啓後的意義。先是先秦儒學，隨之有西漢董仲舒以後的今文經、古文經儒學，宋朝程朱儒學則強調「性與理」的意義，而王陽明的「致良知」和「知行合一」則另有特色，顧炎武、黃宗羲、王夫之等先儒則強調儒學可行性的探討，這是比較務實的。後來還有清朝的乾嘉儒家的經學，更重視實證性的意義，此富有科學的意義。不過，王陽明的儒學「知行合一」正是當今國內外許多學院派知識份子所強調的「學術之重鎮、國家之干城」的精神。在這一方面，日本「江戶時期」推崇的宋明儒學，先是以朱熹的理學爲主流，但後來卻以王陽明的儒學爲主要。日本明治維新之所以帶來了日本的富強，這與王陽明儒學思想甚相同。王陽明的思想有中國傳統文化的哲學特色，但也有意含著科學的實踐精神。這個學術思想顯然與新自由主義學派的歐美學者的看法不同，因爲他們始終認定東方的儒家新教與伊斯蘭教思想一樣專制、獨裁，此乃製造內在政治、社會不安，與外在政治侵略戰爭的本源；這種看法被錯誤認爲是「亞洲價值」的具體內涵，因此這個觀點是無法被亞洲社會儒家文化圈的中庸主義所接受的。所以亞洲地區的學術界裡的知識份子就應該站起地來以維護「亞洲價值」的眞正意義，這是二十一世紀學術思想的時代使命。凡此北京大學等高校知識界應義不容辭站在「亞洲價值」的

陣營裡提出一些理論與模式，貢獻於學術界，這乃是中國知識份子立足於國際學術的最好契機。換言之，知識界應如何站出來為維護這個學術思想而做出最大的努力，以貢獻國際。

　　以北京大學東西方文化研究中心為例，除了一般國際化的學術研究之外，若能從東方文化的「亞洲價值」這個學術思想出發以做出深入的探討，甚為重要。因為文化層面的研究應是科際間的整合工程，也是學術思想的結晶。北京大學的學術一向本著學術自由、學術獨立、兼容並包、多元一體的學術發展目標前進，但這裡所說的多元一體，也誠如太史公司馬遷所說的通古今之變，究天人之際，成一家之言。這個「一家之言」乃是北京大學應該走出來、邁向國際學術的道路，這似是所謂的發展北大學術特色的意義之一。

　　學術文化界似也可從文化的角度來發展有關中國特色的商業管理哲學和行為方式的新思維：譬如說，中國歷史上的法家、儒家、道家或兵家的許多企業管理哲學思想也可以作出現代化的意義；具體的說管子的生產管理哲學、孫子的貿易管理哲學、白圭的經營管理哲學、范蠡的政經管理哲學、孔明的人事管理哲學等等皆有可挖掘的學術文化寶藏和現代化意義。換言之，若能明確這個研究新方向，具體地說，例如從「易經哲學」的角度出發，觀看二十一世紀世界的新格局，並且提出具體改變人類福祉的新思維，以貢獻學術，則將是一大特色。

　　同樣道理，「亞洲價值」似可從事於發揚比較中西文學、文化的學術指標，從比較分析中找到一條富有中國文化特色而且獨樹一格的儒家學術體系。中國知識份子應可綜合中西文化學術的精華特別可以「拿來主義」的精神，發揚中國文

化特色、而且輔之以西方文化的精神，創造出一個多彩多姿的中國學術特色！[42]今後「亞洲價值」如何立足新中原、邁向國際而走出去，同時如何擁抱國際學術，正是中國學術國際化應有的重點。

第三節　「亞洲價值」與國際化

一、理想價值觀的建構

索羅斯（George Sores）倡議成立世界金融聯合國，每一成員國的經濟金融政策與制度相一致；如此透明化，就沒有機會讓投機者操縱的可能。這個看法是基於索羅斯個人曾利用各國家經濟金融制度的不一致性，而有可操縱金融機會的體認。索羅斯這個建議的出發點是善意的，但似乎太天眞了。因爲各個國家因個別經濟金融環境與文化背景不同，當然也有不同的差別經濟金融政策。特別是各國文化均有不同，其所反映出來的經濟金融政策當然有所不同。

索羅斯也認爲美國資本主義社會有社會不正義的現象。這需要世界各個政府力量的介入以維護社會正義；這一方面，他多少肯定亞洲的價值（亞洲資本主義的精神）。但他不贊成馬來西亞總理馬哈地的看法，他認爲馬哈地的看法有太多的經濟保護主義[43]。

---

42 魯迅，「拿來主義」，《中華日報》，一九三四年，六月七日。引自《魯迅全集》（第四卷），人民文學出版社，北京，一九八三年，第二十八頁至三十二頁。

43 John MickLethwait and Adrian Woodridge, 同注 3，op. cit., p.332-343.

　　馬哈地與索羅斯的看法不同，馬哈地批評索羅斯是操家，他沒有資格談社會正義。馬哈地並沒有反對全球化、國際化的觀念，不過他也主張保護主義，理由是個別國情與經濟發展狀況不同，若沒有適當的保護則會發生曼徹斯特現象（Manchester Effects）的國際化；整個世界發展的程度不平衡，這或許短期間內對於某些經濟先進國家是有利的，但最後的結果對這個經濟先進國家也是不利的。[44]一九三〇年代世界資本主義經濟大蕭條的經驗，經濟已國發的先進國家最終也沒有得到好處，好在有凱恩斯「一般理論」的出版，這個學術思想才有了重大的改變。這正是時勢造英雄，英雄造時勢的現象。一國經濟在理論上也有經濟循環的周期性：經濟復甦、經濟繁榮、經濟衰退、經濟蕭條等現象。因此若沒有新理論的出現，則經濟發展必然無法長期得逞。馬爾薩斯（Thomas Malthus）的報酬遞減率（The Law of Diminishing Return）所引申的生產管理理論也可以得到佐証。可是如何避免淪為經濟循環的現象，而在繁榮的基礎上繼續再繁榮，這相當重要。這就是所謂的經濟「良性循環」（Virtuous Cycle），否則就是經濟「惡性循環」（Vicious Cycle）。這正如北美、西歐以及北歐的許多國家在宗教改革以後展現經濟的「良性循環」，而南歐的西班牙、葡萄牙，甚至於意大利等國則沒有那麼幸運。

　　歐美經濟發展畢竟是優於世界其他地區，可是這些地區一方面主張自由競爭的資本主義經濟，另一方面則採取某些程度的保護措施；換言之，對他們有利的則強謂自由經濟，

---

44 I bid, 及同注 25。

對他們不利的則採取保護報仇性措施；他們是以自由經濟為工具，推展自由經濟於世界是居於本國的經濟利益，他們要他國採取自由經濟，而自己則採取某些保護政策。這就是所謂的世界經濟戰爭，非武力的戰爭。而這世界經濟邁向自由化、國際化等是一個趨勢，戰後的「貿易與關稅總協定」（GATT），後來的「世界貿易組織」（WTO）的由來有自。從這個角度看來，馬來西亞的馬哈地總理的看法並沒有差錯；其實從長遠趨勢看法，馬哈地與索羅斯的看法應可相輔相成。索羅斯給人的感覺是太過於理想化，可行性不高，而馬哈地的看法容易被人誤解，這包括他的政治作風在內，具體的例子是他與副總理安華（Anwar Ibraham）之間的權力鬥爭。因此馬哈地的模式被稱為政治反民主、經濟反市場等的「亞洲價值」，其實不然。

　　「亞洲價值」的理想境界是什麼？烏托邦的世界，距離現實環境太遙遠；可是一個富有社會正義的國度，其內涵應該是一個合理的競爭環境，和諧的社會團體和無污染的生態世界等。此在在需要個人的修身和純正的家庭做起。中國儒家〈禮運‧大同章〉的社會乃是一個模式。[45]東方的文化始自「天人合一」的哲學思想，人的道德極為重要，以人為出發點，「亞洲價值」也因而重視道德規範和社會正義，舉凡民主、自由、人權等均不被濫用。雖然自由、民主、人權等是世界共同的「普世價值」，也是「亞洲價值」努力的方向，但不能不重視政府的責任，這些看法多少與「美國價值」或「歐洲價值」的自由、民主、人權等確實有些不同。「美國價值」

45　這是真正中國共產主義的模式。二十一世紀，這種模式將更為明顯。這才是富有中國特色的社會主義的真諦。

以清教徒的基督新教為主軸，信仰神（In God We Trust），以神為一切事務的出發點，美國總統在《聖經》前發誓就職；台灣的「總統」則是在《憲法》前宣誓就職，因《憲法》是人為的。在美國神（上帝與基督耶穌）是外來的，美國的民族也是外來多民族的移民社會，美國人的團結是靠神的力量來熔接而成的。中國的民族乃是本土性多民族的結合，也是靠人為文化的力量來融合而成的。「美國價值」的神是有威嚴的，「亞洲價值」的人是有道義的。「美國價值」如今已發生了偏差，例如青少年的酗酒、吸毒、性災害、槍枝氾濫等等亂源，甚至於民族歧視所造成的失業等現象，因此是美國境內基督新教徒的此例相對減少，反而伊斯蘭教、佛教等信徒逐漸增加。伊斯蘭教徒是積極的對時潮反抗，佛教徒則是消極的對時潮容忍。美國因為太重視自由、民主、人權等的因素因而產許許多多道德偏差，這使美國的沈淪，也使西方的沒落。廿一世紀若要以美國價值觀來影響世界，將造成這些地區水土不合的現象，嚴重威脅這些地區的安定與安全。

二、理想價值觀的討論

西方哲學思想自從希臘羅馬文化結合以後自成一個體系，這種文化基礎重視科學與法治。由於西方社會重視是非分明的科學精神，因此橋歸橋、路歸路的思維方式，深入西方人士的心中。這就是無規矩何以自成方圓的道理。西方哲學與文化有其特色，也造就了西方文化的現代化，特別是十八世紀產業革命以後的西歐與北美。這是西方的崛起，也是西方的驕傲。西方也曾崇拜東方的成就，那是馬可波羅（Marco polo）的《東方見聞錄》（the Tour of the East）的夢

幻。東方世界或許曾經有過許多歷史的驕傲，但是幾百年來東方相對的落沒。

　　有一八六八年明治維新以後的日本可以說是一個例外。可是戰後的東亞地區也可以說是難能可貴的為東方世界繳出一份亮麗的現代化成績單。事實也證明東方世界現代化的過程中不得不學習西方的科學與法治。這是東方世界對西方世界重視的另一個原因。相較東西方現代化經驗之後，如何尋找出一個完滿未來是主軸。完滿的未來是什麼？西方戰後五十年來相對的沒落，這已如前述。然而何為「亞洲價值」？何者為完滿的價值觀？答案，這已逐漸浮現。

　　亞洲的價值並不是索羅斯、克魯曼、李光耀、紀登斯、馬哈地等等人所說的模式。「亞洲價值」有亞洲主流文化的特色此並非西方世界二分法迪卡爾（Rene Descartes）的思維方式。「亞洲價值」也不是《第三條路》的哲學思想模式。《第三條路》哲學是西方思想鐘擺理論下的產物。在錯誤與嘗試的過程中不斷調整走上《第三條路》的經濟為主軸，這是一九九〇年代馬列主義社會主義國家相繼土崩瓦解之後，西方人士的想法。這也是資本主義社會並非獨特性的另一面印證。這個西方思想辯證鐘擺理論，不同於中國哲學的思維與觀念。中國哲學思維是以易經為主軸，它是在現有的基礎上整合、發展、創新。《第三條路》哲學可以說其有「亞洲價值」的現象，但不是「亞洲價值」。具體的說，「亞洲價值」並不是鐘擺的理論而是儒家中庸哲學自我調適後的產物[46]。

　　儒家思想也備受爭議。何謂儒家呢？當然不是腐儒、醬

---

46 John Micklethwait and Adrian Woodridge, 同注 3，op. cit., p.3-25.

儒；也不是曾具有代表性的漢儒、宋儒或明儒、清儒。而是富有現代性「新新儒」，或稱之爲「儒家新教」，它是承先啓後的現代化新儒家。日本明治維新之後發展出武士道精神，此爲日本現代化新儒家。日本江戶時期十七世紀雖然曾一度以宋儒朱子的思想爲主流，但其後則特別推崇王陽明的儒家爲主軸思想所執著的「致良知」和「知行合一」；與時俱進的日本儒學是日本富強之道。日本明治維新以後更能將中國儒家思想日本本土化，再吸收西方文化思想、科技的精華。這就是大哲學家牟宗三所說的消化西方思想，深化中國思想意義，而日本則是消化西方思想，深化日本思想，這也有魯迅「拿本主義」的精神，於是日本終於富強了，在二十世紀她的現代化各項成果已是傲視天下。這也是我們重視「師日長智以制日」的道理。

「亞洲價值」若認定以儒學爲核心，則必須先將儒學定位，以嶄新的面目出現於當今世界上，並且以實證的現代化經驗來駁斥韋伯歪曲的教義思想和對費正清（John K. Fairbank）權威主義挑戰。因此儒學才能被西方世界視之現代化的寶庫，因而貢獻人類的福祉。此外，「易理」爲中國學術思想各家的源頭活水，它是以「文化調和」思想的東方哲學爲主流，此顯然與西方辯証哲學「文化衝突」的思想迥異。

三、理想價值觀的爭議

完美的未來，這或許是哲學家學者們的構想，這與實際的世界仍有一個很大的距離。哲學家、學者們的呼籲理想未來的追求也許可能達到某些效果，譬如生態環境的保護，社

會正義的伸張等，未來的世界一方面推動世界自由經濟，這將加速自由競爭的經濟，雖然有助於全球生產力的提高，民生福祉的增加，但對這個世界南北經濟失衡的嚴重性將加大，甚至於同一區域內在經濟也會失去平衡的發展。另一方面社會福利逐漸被重視，這是無法彌補社會不平衡發展的空隙。簡言之，未來的世界將仍然是不完滿的，甚至於比過去二十世紀還不完美[47]。

　　未來的世界，除了全球社會正義的缺失之外，區域性的戰爭或國家內戰將難以避免。可是二十世紀，曾經有二次毀滅性的世界大戰，在二十一世紀似可避免，這與二十世紀末蘇聯的瓦解有關。冷戰時期曾因意識型態的不同而引起的世界大分裂似已成為過去。二十一世紀世界和平最大的隱憂似乎是伊斯蘭教國家政教合一的國與國之間的戰爭的可能，還有伊斯蘭教非政教合一國家的內部戰爭。當然也不排除伊斯蘭教政教合一國家內部權力鬥爭的內戰。另外，還有伊斯蘭教國家與非伊斯蘭教國家之間的戰爭，這些將都是區域性的戰爭。除外，貧窮國家也是戰爭的原因，經濟已開發國家北美、西歐、北歐等，經濟成熟地區發生戰爭的可能性也不大。貧窮是戰爭的禍源，是世界和平的不定時炸彈。

　　伊斯蘭教國家經濟邁向全面工業化與現代化是相當困難的，雖然伊斯蘭教義的如何完美，但是太過於保守，特別是重視家族企業，這些有助於中小企業的發展，但對於現代化的企業是相當困難的，因為這對於市場經濟的價值多元文化思想是不利的。中國儒家文化也有此侷限性，因為中國儒家

---

47 同注二十。

重視家庭倫理，此有助於中小企業的發展，所以台灣、香港、新加坡，還有東南亞的華僑等經濟發展表現突出，但被侷限於中小企業，這種現象並不在日本發生。伊斯蘭教的保守主義對於組織大眾公司邁向資本密集的產業是有相當困難，此不但不如日本，也不如儒家地區的華人地區。這些華人地區也是重視家庭倫理而忽略社會倫理，華人地區比較重視人情味，這是以社會公德心欠缺為代價的。這個情況下，若是一個理性而有為的政府確實有此必要。

中國歷史上的秦漢隋唐等也有對外侵略的事實，雖有美其言說攻擊乃是最好的防禦或防禦乃是最好的攻擊等兵家之言，其實有待商榷。中國儒家思想統治時期是主張世界和平，華夷共治的。民國初年的袁世凱攻打韓國，那不是儒家，而是軍閥。我們不能保證歷朝歷代都是以儒家思想來統治中國。秦隋兩個朝代是傾向於法家統治最具體的例子。清末慈禧太后統治滿清中國，那清朝豈有不覆亡的道理呢？慈禧太后只重視個人的權力與享受，奢侈與浪費，她正是置國家興亡於度外的人，例如將海軍的預算移作興建頤和園等等費用，即是具體的例證。她樹立中國歷史上政權領導人最壞的惡例。總之，儒家是治國的典範，領導人的舉止可謂一言興邦，否則是一言喪邦。此不得不慎。

理想的價值觀：政治民主、經濟自由，社會人權，政府法治等這是一個現代化的必然趨勢。但是世界各地均有不同的民族與文化，必須展現其特色，此絕非全世界一律的。世界各地的民族與文化應給予尊重。一個國家最良的治國政策，這也可能成為另一個國家最壞的政策。目前西方世界例證成功的民主政治與市場經濟，仍然可為東方國家的參考，

但不是照單簽收，否則會造成這些東方國家的動亂；過去印尼、菲律賓、馬來西亞、韓國、台灣等地區得失的經驗均可借鏡。未來中國大陸因為經濟改革成功以後，其政治改革絕對無法避免，這個方向甚為明確，但其民主政治的步驟、方式何去何從，舉世關注。

杭廷頓教授認為台灣的政治發展方向正確，但我們認為其步驟、方式等有待斟酌，而新加坡呢？李光耀以後的新加坡民主將有所改變，杭廷頓教授這些看法，我們似可同意，但不能完全認同。[48]自由、民主、人權、法治等將是世界共同的價值觀，但個別國家因民族，文化等互異，各有特色，應該被尊重。於是麻省理工學院克魯曼（Paul Krugman）教授的看法甚為合理。[49]他肯定自由市場的價值，但是自由市場競爭的結果很可能產生社會的不正義和資源的誤置。因此他主張政府的功能以補充自由市場的不足。一方面防止社會不正義，另一方面則防止資源的誤置。這個看法與東方社會相近，但他更主張世界各國發展其特色以避免比較經濟制度利益下弱國產業被破壞，因此適度的保護政策有所必要，這就是 WTO 中的特別排他條款。克魯曼的看法顯富有實際意義，可行性甚高；當然他反對一國經濟過度的保護。他的看法加強了政府的責任，使得未來理想世界的可能性提高。這個觀點已得到世界學術界的重視。

漢武帝不如唐太宗。漢朝「文景之治」之後有漢武帝締造的「大漢天威」。漢武帝在位四十八年，年年征戰了四十二

---

48 李登輝，《台灣的主張》，遠流出版社，台北，一九九九年，第二四一至二八九頁。李登輝此看法有些偏見。
49 克魯曼（Paul Krugman），同注 18。

載。東征西討、南征北伐，擴大的漢疆。唐太宗也擴大了唐土，他創造了「大唐盛世」。可是唐太宗不等於漢武帝。因為唐太宗到認為「文章千古事，社稷一戎衣」；所以有「貞觀之治」。漢武帝則武功勝過文治，唐太宗則文治勝過武功。武功是霸道，文治是王道。孔子說：「遠方不服，則修文德以來之，既來之，則安之。」秦朝、隋朝、元朝等均非文治以德服人，所以秦、隋、元等皆非太平盛世，因為其並非修文德以來之。中國歷史上各朝各代或多或少有以法家「打天下」的經驗，若非以儒家「治天下」，則難長治久安。

　　世界性的教育趨勢偏向是知識與技術的轉移，但對修身與對社會，國家的責任的教育則比較欠缺。日本江戶時期的教育方針甚為正確，他們除了教育知識與技術的轉移之外，也重視國家、社會、民族的意義。中國儒學思想在宋儒以後有些發揚，明儒則推廣之。反之，中國文化中的儒學只重視家庭倫理，往往忽略國家社會責任的發揚，但是日本武士道精神，富有國家的使命感，此與中國社會仍有些本質上不同。

　　當今世界教育亟需撥亂反正。由於西方資本主義抬頭，人類自私心為主導，缺乏道德情操，因此現在的教育是功利主義至上的教育，需要進一步調整；以學術機構為例，如何徹底做到「學術重鎮」與「國家干城」的教育目標。如此不但可貫徹明儒王陽明思想中的「致良知」並且也是貫徹「知行合一」的實踐哲學。

　　在二十一世紀倡導和平與自由競爭的時潮裡，一方面固然可以促世界不斷現代化，但是後現代化之後，社會犯罪等動亂將層出不窮。此絕非不斷現代化的目標，所以後現代化（Post Modernization）主義也應該跳出西方資本主義、自由

主義功利現實的漩渦，爲人類繼起的新生命貢獻棉力。在二十一世紀，勞資之對立仍將不斷發生，如何將之轉化爲勞資合作，也是東西文化挑戰的一項大問題。東方儒家社會以互助替代對立。勞資對立的思想是西方資本主義哲學思維下的產物，會使人類造成對立，鬥爭、仇恨。此皆非完美的未來。

　　西方世界裡譏諷東方亞洲的政府功能，但天人合一或陰陽調和的東方思想，多少會帶來世界的和諧與安定，並以文化調和取代文化衝突。

　　世界大文明中的印度文明有其歷史價值。但是印度的種姓制度，階級間壁壘分明，這種傳統的階級觀念會產生社會的不公平，也就是印度社會正義缺失的源頭。印度文明下，幾千年來貧窮不均的現象始終無法解決，這在二十一世紀仍舊會存在。印度的貧窮問題將是世界的一大問題，此難題不易得到解決。另一方面印度人的高度聰明，其在世界哲學、科學、技術上均有重大的貢獻，但印度傳統文化本身缺乏社會正義性，確實是人類另一禍源。所謂的二十一世紀「金磚四國」（巴西、俄羅斯、印度、中國）之看法，個人不表同意。

　　貧窮是一項罪惡，這在中南美洲，在非洲，在某些亞洲地區仍舊存在。貧窮與無知都是結合的。人力資源是經濟發展的發動機，這些世界上貧窮地區的人力資源甚爲欠缺，經濟發展的機器如何發動而起飛呢？這些貧窮地區，雖然缺乏人力資源，但經常有充沛豐富的天然資源。奈何這些天然資源反而被有豐富的人力資源的國家所利用。關鍵的問題是天然資源御於人，而人力資源則反之。

　　德國著名思想家史賓格勒（Oswald Spengler, 1880-1936）說中國文化是各種人類文化中最偉大、最典型、最完整的形

態之一。與其比照的文化包含巴比侖文化、印度文化、埃及文化、古希腦與古羅馬文化、阿拉伯文化、猶太文化、墨西哥文化等等。他研究西方文化並歸納後，認爲東方文化勢將再興起[50]。英國大哲學家羅素（Bertrand Russell, 1872-1970）曾說中國這些過往煙雲暫時性的波浪將被歷史的需求吞沒；換言之，這些只是過往煙雲的變局，雨過天晴之後將回歸正統。[51]其中台灣文化來自中原河洛古文化，如何發揚台灣的中國文化，意義就在其中。在此歷史轉折中，東方文化主流價值的重新定位，台灣必須扮演重要角色的歷史意義。

第四節　儒家精神、東方主義與人類的願景

一、儒家精神與東方價值

　　所謂的「亞洲價值」，其實是指以儒學爲主軸的東方價值，這包括東北亞與東南亞等的一些儒家文化經濟圈的地區。因爲這些地區在戰後在社會經濟等現代化的表現傑出。其他亞洲地區文化經濟圈如印度文化經濟圈或伊斯蘭教文化經濟圈等雖有其文化特色，但在經濟發展的表現並不是很傑出，因此不能被列入所謂的「亞洲價值」的代表。[52]這可以說亞洲「亞洲價值」觀以儒家文化經濟圈爲代表，而且希望

---

50 Oswald Spengler, The Decline of The West, 該書於一九一八年在奧地利的維也納發表。
51 Bertrand Russell, 他於一九二〇年八月至一九二一年七月在中國講學。他離開上海返回英國的前夕提出此預言。
52 余時英,〈新亞精神與「亞洲價值」〉,《聯合報》, 2000 年十月二十五日, 台北, 第三十七頁。

推介儒家文化的價值給其他亞洲文化圈或其他世界文化圈所共享。這就是儒家文化的現代化與世界的問題了。但儘可能避免其所謂的儒家文化「大沙文主義」，這也要表示對其他有關文化經濟圈的尊重。麻省理工學院克魯曼（Paul Krugman）教授的觀點正是如此。[53]

以台灣儒家文化為例，它一向是中西文化的融合；本來台灣就是世界東西文化的匯集所在地。一六二六年西班牙人曾經統治北台灣十六年，後經荷蘭人統治三十八年，然後明鄭三代統治了二十三年，清朝統治了二百一十二年。當中，特別是在一八四〇年鴉片戰爭後英國人、加拿大等文化宗教界，航海商業界等人士常駐的基地，隨後還有日本人統治五十年等等歷史的變遷。有關儒家文化的國際化，台灣的儒家文化與錢穆、唐君毅、徐復觀、牟宗三、余英時等人在香港的「新亞模式」可以相接。[54]

太史公司馬遷所言的通古今之變，究天人之際、成一家之言。魯迅「拿來主義」的精神亦復如此，這是東方價值的文化精髓。[55]可以確知的是戰後亞太儒家文化經濟圈所創造的東方文明將在二十一世紀繼續發展。儒家思想在中國歷史上二千五百多年歷經漢儒、唐儒、宋儒、明儒、清儒等等不斷變遷，何況在地理上也有中國、日本、韓國、越南、新加坡、香港等也各有地區性特色的儒學。

日本儒學基本上自從江戶時期以後逐漸以王陽明思想的明儒為主要。因為陽明哲學不但具有理學的時代性，也附有

---

53 同注 49。
54 余時英，同注 52。
55 同前注。

實踐的意義。這正是日本一八六八年明治維新的動力所在。清儒戴震譴責以理逼人、以理殺人的宋儒，因而清儒特別重視經世濟民的時代潮流。此觀念特別為二十一世紀世界資訊化、科技化之所需。此外明儒的「致良知」的道德觀更是未來邁向禮義之邦世界文明現代化之所需。香港新亞體系的新儒家的主要意義在於掌握東亞文化的變遷並取其精華，特別是要找到世界東西文化的共同點，用於國家社會之現代化的意義。[56]

　　其中民主政治、市場經濟、自由宗教以及人權、法治等的觀念因為中西方文化在本質上雖不同，但彼此是相通的。這些不是西方的獨特。東方思維方式被誤以為是獨裁、專制、權威等，這是錯誤的。這更不是「亞洲價值」的代表。然而東方世界的確有其特色，比如說在民主政治方面，東方儒家的民本思想先是「為民做主」、其後發展到「以民為主」；[57]市場經濟方面的民生思想則是從政府的「計劃經濟」發展到民間的「市場經濟」等等，這要端賴於一國家實踐民主政治與市場經濟的客觀條件而定。換言之，一個現代化東方儒家社會政治經濟的理想，與西方世界並無二致。這可明白儒家思想有其現實性與理想性。道家的思維方式一向為西方世界所崇尚，因為有其理想性，在理論上則與西方自由放任思想比較接近，可是在實踐上的現實性與東方社會尚有某些距離。因此道家思想雖有其獨特的學術價值，但並不構成東方社會主流價值。[58]

---

56 同前注。
57 楊錦華，〈魏徵民本主義思想初探〉，《鉅鹿會刊》（創刊號），高雄，2000 年，第二十九頁至三十八頁。
58 高行健，《一個人的聖經》，聯經出版社，台北，一九九九年，第一頁

二、東方主義與「亞洲價值」

　　事實上道家思想在中國文化中確實具有重要地位。此也是儒家思想〈禮運‧大同章〉的理想境界相近。正如中國歷史上漢初的「文景之治」、唐初的「貞觀之治」為具體代表的文明盛世。一般來說，這種文明昌盛的中國太平時代並非常態，因為道家思想的治國方式在中國政治史上為期較為短暫，取而代之的是儒家思想的學術主張與史實，在中國思想史上的道儒論戰、法儒論戰、佛儒論戰等，其結果都是以儒家思想為終結。在此情況下，政府適當的功能是不可或缺的，這與中國的民族性、中國的文化有關。這也是西方世界無法認同的。西方學者觀看東方世界有所偏差，因缺乏認識東方世界的現實性。亞洲人口超過二十五億，佔世界人口百分之六十左右，何況幅員廣大。亞洲地區文化、宗教複雜，甚難找到一個共同的價值觀。這裡所謂的東方世界除了儒家文化圈以外應可包括佛教文化圈、伊斯蘭教文化圈和印度文化圈等。但「亞洲價值」論所研究的範圍應不包括阿拉伯、波斯等地的伊斯蘭教文明的世界，也不包括印度教文明的印度等地區。[59]「亞洲價值」論的敘述的對象應僅止於遠東地區的泛儒家文化區域，特別以中國和日本為主要。日本雖然有一億一千兩百萬神道教或九千三百萬佛教信徒（統計數字有重疊的現象），但均屬於佛道釋三者融合的文化體系，此應是在「亞洲價值」的範圍。因為遠東地區的佛教文化圈與南亞佛

至第七頁。
59 薩依德（Edward W. Said）著、傅大為等譯，《東方主義》（Orientalism），立緒出版社，台北，　九九九年，第四十一頁至一三三頁。

教文化圈是有區別的。若經濟發展狀況言之,前者可列入「亞洲價值」結構,後者則有些困難。[60]這個論斷是以文化與文明的關係而言的。

「亞洲價值」中的東方文化之所以能夠在戰後一枝獨秀,這與儒家文化經濟圈的文化調和有關。儒家思想以《周易》為源頭活水,並認為在陰陽和諧變化中力求發展。所謂元、享、利、貞等有規律的和諧變化;這從萬物自然的開始,經自然的成長,而自然的成熟和到自然的完成。隨著政治、經濟、社會等新秩序的建立,這些地區政府的功能逐漸減輕,何況政府的功能也只能補充此地區家庭倫理的不足而已,不能取代這些地區家庭意識的功能。這個特色也正是西方文化所不能理解的。「亞洲價值」觀是從「天人合一」的哲學為出發點,重視人與自然的調和,在調和中求發展,邁向文明的另一境界。這種「天人合一」的思想與西方崇拜上帝為唯一的神,而認為人神分離的二分法思維邏輯,在本質上是不同的。東方世界是以「易經」為基礎思想,在和諧的、自然的環境中變化,當中人類的智慧可以不斷創新與改良,邁向另一文明。這就是東方具自覺性的演化,也是人類進化的一種現象[61],此顯然與西方辨證邏輯所產生的鐘擺理論也有不同。[62]

基督教是西方的哲學思想的產物,源自「二希」:希臘文化與希伯來文化。主要的基礎是「神人分離」所發展出來的

---

60 同注 52。
61 張建邦,〈世界未來兩個共同的願景〉,《淡江大學跨世紀發展指導小組第三次會議記錄》,淡江大學董事會,台北,2000 年,第七十三頁至七十六頁。
62 魏萼,同注 14。

二分法哲學文化。辯證邏輯便是其中的一個。西元前三世紀亞歷山大大帝東征後，希臘羅馬文化融合。希臘羅馬文化是一家人，結合希伯來文化之後，再因為第五世紀中葉日爾曼人的介入，終於融合而成為的基督教文化。這個西方文化的特色是重視科學的精神，進而逐漸向哲學相近。東方文化的思想基礎在方向上則正好相反。[63]

　　二十一世紀，人類除了追求生存之外，還需要尋找生命的眞諦；生活水準的提高當然重要，但生活素質的提升卻是人類追求的共同願景。[64]一方面經濟學已非「單一方程式」（Single Equation），而是「聯立方程式」（Simultaneous Equation）；包含政治經濟學、社會經濟學、甚至於是文化經濟學等。另一方面人類追求的不僅是國民所得的提高，而且應該也是人們生活福利的增進。它應不僅是經濟面，而且應該也是政治面、文化面、社會面等全方位境界的提高。西方歐美等資本主義世界正朝此方向邁進，而開發中國家如東南亞洲、非洲和拉丁美洲等地在二十一世紀仍然要追求某些脫貧和社會正義的問題。戰後「亞洲價值」的東方經驗追求經濟為主要的過程中並沒有明顯的前述曼徹斯特效果，此雖未盡善盡美，但也是一個特色。

三、「亞洲價值」與人類的願景

　　經濟循環有所謂經濟繁榮期、衰退期、蕭條期、復甦期等周期。這個經濟循環的周期是可以打破的。換言之，在經

63　朱維之，《希伯來文化》，淑馨出版社，台北，一九九二年，第一頁至二十頁。
64　張建邦，同注 61。

濟復甦、繁榮後可能發生經濟衰退，因此經濟衰退之前調整經濟政策，可用以防止不利的經濟現象發生。甚值重視。在經濟學裡也有一個所謂報酬遞減率（Law of Diminishing Returns），這就是馬爾薩斯（Thomas Robert Malthus）憂慮科學（Dismal Science）的一部分。其實這個經濟學理論也可以改變的。經濟學上所謂的規模生產（The Economy of Scale），正是在不斷調整產業規模的情況下可以規避經濟的報酬遞減率。[65]為了追求質與量的最佳境界，所謂的最適生產規模（Optimum Scale of Economy）甚值注意。

　　另外，達爾文的「進化論」就是從生物的物種演化過程的描述。這個自然發展的定律也可以改變的；這個達爾文演化（Darwinian Evolutionary）或是牛頓機械式（Newtonian Mechanics）的變動是恆常的。此亦即透過人類的智慧可以改變達爾文演化或牛頓機械式的變動。隨著資訊與科技不斷的發展與創新，這是可以主觀改變一些人類的自然規律發展。所謂具自覺性的演化（Conscious evolution）正是可以將未來的自然規律給予創造或規劃的。[66]這是西方資本主義世界人類「人定勝天」主宰世界的理論依據。這也是人類的願景。但若輔之以中國文化中「參天育化」的哲學思想，則可減少或避免「人定勝天」所帶來人類的災害。

　　西方資本主義亞當·史密的「一隻看不見的手」，其基本理論本可以實踐曼徹斯特原理（Manchester Doctrine），其實所產生的卻是曼徹斯特效果（Manchester Effects）。這種現象

---

65 張建邦，同注 61。
66 施建生，《經濟學原理》，大中國圖書公司，台北，一九九七年，第一〇八頁至一一一頁。

是西方歐洲產業革命後社會變遷的一般自然現象。此工業化與社會化無法同時兼顧。戰後東方的日本以及亞太「四小龍」的經驗是亞洲「和平式」的產業革命，因爲沒有產生劇烈「文化衝突」的社會變遷。這是一個特色。儒家思想的現代化理念正式要以「文化和諧」論取代西方「文化衝突」論的價值觀。

另外，馬克斯思想裡的許多預言，認爲資本主義崩潰的必然性，此確實可以對資本主義世界的預警作用，如今的資本主義並沒有崩潰，相對的，教條式的馬列主義的共產世界已在二十世紀末崩潰。中國共產主義因爲回歸古老文化邁向「經濟中國」市場經濟的中國經濟，將使當前富有中國特色的市場經濟創造了中國經濟的另一個藍天。中國經濟的改變已避開了蘇聯以及東歐錯誤的經驗，這是一個例證。中國經濟之所以如此持續發展，一方面是東方文化「亞洲價值」儒家思想的特色，另一方面乃是由於西方經濟文化經驗的借鏡，這也是中國人的智慧。[67]

歷史發展是人的智慧，加上快速進步中的科技，將使人類避免人爲錯誤的一些偏差，另外也可改變從過去所謂直線（Linearity）的規律到非直線（Non-linearity）的現象。[68]這個非持續性（Discontinuity）改變是指人類可以用智慧來改變歷史的持續性（Historical Continuity），以達到人類追求的願景。[69]但此種現實的發生也可能有所謂的副作用，比如說經濟環境的破壞、社會正義的缺失等。誠如前述，自覺性的

---

67 張建邦，同注 61。
68 李登輝，《亞洲的智略》，遠流出版社，台北，2000 年，第一四四頁至一五五頁。
69 同注 66。

演化是西方資本主義「人定勝天」的具體表徵，東方「亞洲價值」則輔之以參與天地之化育工作，這種「參天化育」以調和「人定勝天」的新格局正是「亞洲價值」具體體表現。[70]世界資訊化、科技化之後，整個地球南北貧富懸殊分歧，這並非過去所謂的「美國價值」或「歐洲價值」所能解決的論題。「亞洲價值」儒家思想的精神若何，正是二十一世紀全球知識界談論的焦點問題。[71]

　　「亞洲價值」的學術文化特色是要貫通中西文化，但絕對不作外來文化的殖民地，也不作中國古代思想的奴隸[72]；它正在尋找潺潺滾滾的歷史長河和浩浩蕩蕩的時代巨流等兩者的交匯點，然後匯集成為一個二十一世紀的世界學術大主流。換言之，「亞洲價值」等的學術文化特色正是要通古博今的「古為今用，洋為中用」的意義；希望它能匯集成為一股氣壯山河、放之四海皆準而且自成一格的「亞洲價值」的學術大洪流，以貢獻國際。[73]

---

70 同前注。
71 高行健，《靈山》，聯經出版社，台北，一九九六年。另高行健，《一個人的聖經》，同注 58。
72 魏萼，〈新新儒家的釋疑〉，《新儒、新新儒》（東西文化與國際社會的融合），文史哲出版社，台北，二〇〇二年，第六十一至八十九頁。
73 魏萼，〈新新儒家的實踐〉，《國際政治研究》（二〇〇五年第一期），北京大學主編，北京，二〇〇五年二月，第一二六至一二九頁。

第三章　臺灣的閩南文化與經濟

　　臺灣光復初期的經濟蕭條、政治腐敗、社會不安等亂象，這與國民黨陳儀主持台灣行政長官公署的政績有關。

　　陳儀的執政，政治上並不重用臺籍人士，但卻開放臺灣人地方自治；造成在朝外省人與在野臺灣人的對立現象，復加之政府的貪污腐敗，百姓怎可能相信政府。其在經濟上採用沒收日本人公私企業和財產，並且實施專買和專賣利度，反對市場經濟，導致企業蕭條和民不聊生，臺灣人無不怨聲載道。社會上不與臺灣人溝通協調，不講閩南語和日語，忽視失業人口與社會犯罪不安的關係，造成社會的動亂。陳儀個性剛愎自用，縱容親信等行政作風，促成光復初期臺灣內部族群嚴重衝突。一九四七年二月二十七日晚上終於發生了嚴重的官民衝突，這是臺灣悲劇的另一開端。

　　臺灣閩南文化是福建閩南文化臺灣本土化的產物；它是閩南文化圈的重要成員，也是中華文化大家庭的一份子。臺灣閩南文化的國際化程度比較高，因而其仕經濟發展的生命力特別強。臺灣閩南文化，其從本土的文化出發趨向於全球化的價值觀接軌；也從國情的現實出發趨向於國際的理想接軌。因此，它的市場經濟本能特別發達。

　　同屬儒家文化經濟圈的臺灣閩南文化、福建閩南文化、東南亞閩南文化等，其所展現的經濟成績並不相同，這主要

因素在於其文化國際化本質不同，而所產生的經濟文化基因
有異；這正如福建閩南文化圈裡的漳州與泉州的經濟文化，
同中有異。同理，福建閩南文化圈有如猶太人經濟的生命力，
而臺灣閩南文化圈則有如日本人經濟的生命力，彼此是有些
差異的。

　　西方基督新教文化國家，其經濟發展遠超過天主舊教文
化國家；東方大乘佛教文化國家，其經濟發展遠超過小乘佛
教文化國家，儒家資本主義文化地區，其經濟發展遠超過儒
家社會主義文化地區，蒙古藏傳佛教文化地區，其經濟發展
遠超過西藏藏傳佛教文化地區等等例子可以說明文化與經濟
關係，其中文化國際化程度是一個關鍵。

　　閩南經濟學（minnanomics）以及閩南學（minnanology）
的提倡與推廣甚爲重要。

第一節　光復初期的臺灣社會經濟

一、陳儀治理臺灣錯誤的開始

　　一九四三年十二月一日開羅會議，決定將日本所佔領的
臺灣、澎湖群島等地歸還給中國。日本投降後，一九四五年
八月十四日國民政府特任陳儀爲臺灣行政長官公署的行政長
官，九月七日又特派陳儀兼臺灣警備總司令部的總司令。陳
儀集臺灣的軍、政大權於一身。九月二日，陳儀會見新聞記
者說明其對臺灣的施政方針乃是依照國父遺教爲施政主軸，
實踐三民主義；以期待臺灣同胞脫離那些不自由的生活，然

後享有自強康樂的幸福日子。[1]

　　陳儀，浙江紹興人；一八八三年生，日本陸軍士官學校及陸軍大學畢業。陳儀通曉日語，娶日本女子為妻。他曾擔任國民政府時代福建省主席十年，培養了不少親信和人才。他的個性剛愎自用，一意孤行；陳儀因此遠離臺灣民意政治和市場經濟。一九四五年十月二十四日臺灣光復前夕，他自重慶到臺北。次日，他在台北市中山堂光復廳，代表中國戰區最高統帥受降。臺灣光復初期，行政長官公署缺乏人才，這包括稱職的公務人員、警察、軍人，主要是因為經費不足，況且戰後的內地，大量需要人才。[2]此時陳儀又裁減了大量臺灣籍公職人員。[3]新成立不久的臺灣政府長官公署並不得到臺灣人的擁護。失業者怨聲載道，特別不諒解那些六千名日籍的在職專業人員，咸認為應該遣送回日，遺缺則應由臺灣人增補之。[4]陳儀不會說閩南語，也抱怨那些臺灣人不會說國語，由此藉口不多任命臺籍人士擔任公職。[5]注5 這何以能取悅於臺灣人呢？陳儀只好推動地方自治，用民選的方式提高臺灣人士參政的人數。於是於一九四六年四月陳儀公佈了當選省、縣、市、鎮各級參議會議員名單，一共五百二十三人，此原來人數一百七十九人的臺籍人士，增加了三倍。[6]一九四六年五月一日臺灣參議會於臺北正式成立。黃朝琴為議長，

---

1 陳儀於一九四五年九月二日在重慶會見記者的談話。九月一日台灣行政長官公署臨時辦公處成立，陳儀的權力比一般省長大。
2 臺灣省行政長官公署統計室編，《臺灣省統計要覽》，第二期，臺此，一九四六年，第一三一頁。
3 同前注，另請參閱吳濁流，《無花果》，爾灣，加州，一九八四年(重新出版)，第一七二頁。
4 本來這只是一個過渡時期的權宜作法，尤其是日本的專業人才。
5 對臺灣籍人士尚不具信心。請參閱葉明勳，《不容青史盡成灰：二二八事變親歷的感受》，《聯合報》，臺北，一九八八年二月二十九日。
6 同注2，《臺灣省統計要覽》，第十九至二十一頁。

李萬居爲副議長，連震東爲秘書長，此乃臺灣人民參政的初步。這無形中已成爲朝野對立的模式，也是臺灣的外省人（在朝）與臺灣的本地人（在野）尖銳對立的開始。另一方面，臺灣本地人則在經濟發展（賺錢）上力爭上游做爲競選參議員的本錢。從長期趨勢而言，臺灣人不但逐步掌握了經濟，民意，也影響了政府。其中在臺灣光復初期，臺灣行政長官公署沒收日本人的財產和產業例如土地、房舍、礦場、公司、股票、公債等等一向爲臺灣人所不滿；大形勢發展過程中應逐漸由政府轉移爲民營才是，但事實則並不如此。這不但政府的官宦大部份應回歸臺灣人中，政府的財產也應逐步民營化。陳儀在臺灣光復初期的執政理念是短視的，此乃是歷史發展過程中的小偶然，這抵擋不了形勢發展過程中的大必然；因爲陳儀的執政理念富有國家社會主義的意識形態。[7]陳儀接受日本教育又加上信奉三民主義，其在思想觀念上是屬於垂直性的儒家思想。他對於長官蔣介石是忠貞不二的，同時他也要求其部屬對他的忠貞；他的執政觀念多少傾向於獨裁專制的，這一方面違背民主政治的基本精神，行政體系也缺乏臺灣本土的觀念，另一方面也違背市場經濟的基本認識，施政方針缺乏私有財產制度的思想。這一開始，陳儀在臺灣的執政已是錯誤的第一步。因爲他並未因時、因地制宜，況且缺乏政治家的胸襟與遠見。

二、臺灣政治腐敗、經濟蕭條、社會不安

　　陳儀政府沒收日據時代的各種公私物資，認爲這是對日

---

7 馬若孟、賴澤涵、魏萼合著，《悲劇的開始：臺灣二二八事變》，時報出版社，臺北，一九九二年，第一一九頁至一五〇頁。原著於一九九一年在美國史丹佛大學出版社出版，中譯本由羅珞珈主稿。

戰爭的戰利品，但臺灣人則認爲這是屬於臺灣全民的財產，如此臺灣人當然有權利使用。臺灣人痛恨國民政府允許外省人非法佔有日人財產，並據爲己有。反之有些臺灣人在中國大陸的產業在抗戰期間爲日本人或國民政府沒收，要求合理的處理，並未獲得滿意的解決。[8]此外臺灣人也認爲有些民生物資不應運往大陸，這些煤、糖、水泥、鹽等等物產是臺灣的生命力，不宜紛紛搬運到大陸去。

八年抗日戰爭，中國人勝利了，但其代價甚高，這是所謂的慘勝。中國遭受到日本人的欺凌、殺害等，眞是無法形容其慘狀。臺灣受了日本人五十年的統治，有些皇民化了，這是中國人看不下去的。另一方面臺灣人對剛來接收臺灣的中國人所表現的完全失望，尤其外省人看不起臺灣人。外省人有特權，因爲政府部門的重要官員幾乎是外省人，外省人是互相勾結的統治階層，特別是貪污倒把的腐敗行爲，令臺灣人失望、不恥。[9]政府的腐敗已經讓臺灣人厭煩，復加之軍人的軍紀不佳，舉凡偷竊、強姦、霸佔財物、蓄意擾民等等事件層出不窮。國軍看不慣臺灣人，臺灣人看不起國軍，彼此所期望的落差甚大。這種政府官員或軍人與臺灣人之間的岐見，有如滾雪球般逐漸的擴大，彼此間劇烈的衝突日益增加、昇華。這種現象又被新聞界大衆媒體擴大渲染，於是政府與民衆之間，外省人與臺灣人上間的對立壁壘分明，因此大暴動有可能一發而不可收拾的泰勢。

陳儀用人的哲學是疑人不用，用人不疑；即使所用的人有貪污或無能，他是用人不疑的，因此他的部屬容易出現巧

---

8 同前注，第一一六頁。
9 同前注，第一三一頁。

言令色的行為，用以取信於陳儀。如此也容易形成一個被孤立的新階級，省長官公署官員，自然形成一個違反民意的新階級。陳儀不懂閩南語也故意不講日語，只講國語，不容易與只講閩南語或日語的地方仕紳溝通。因此民意也無法上達陳儀以及其所主持的臺灣新政府，陳儀似乎無法體會到日益加深的民怨。以上的政府腐壞、陳儀剛愎自用的領導性格等等因素已嚴重不利於臺灣族群的和諧，但是最為嚴重的莫過於經濟民生問題。[10]

　　臺灣光復前，盟軍大舉轟炸臺灣，城市嚴重受損，港口、鐵路、工廠等遭到嚴重破壞，工農業生產困難，於是經濟一片蕭條、失業者眾多、物價高漲、交通受阻，復加政府的管制經濟，物資的流通更加是難上加難，因此民不聊生。這也再度助長了臺灣人對陳儀政府的不信任。

　　陳儀信奉孫中山先生民生主義的思想：「節制私人資本，發展國家資本」。臺灣行政長官公署設立貿易局及專賣局以統籌有關經濟事宜。貿易局獨佔生產事業，壟斷市場，包辦出口貿易，舉凡有利可圖的事業，均不允許商人、企業家等參與其事。[11]政府擁有工業和農業等企業佔全臺灣百分七十左右。[12]專賣局專理鹽、樟腦、鴉片、火柴、酒類、煙類、度量衡等等的供應和銷售。陳儀似乎只知孫中山先生民生主義的教條，卻無法「與時俱進」的去體認民生主義的基本精神。發展國家資本是有先決條件的，節制私人資本是要實施「資本證券化，證券大眾化」為目標的。陳儀時代的臺灣省政府

10　同前注，第一三四頁至一四四頁。
11　同前注，第一四五頁。
12　同前注，第一四四頁。

管制經濟太多，況且效率比日本人差。如此當然抹殺了臺灣人的經濟活力。[13]反對市場使臺灣經濟加速蕭條不振也是必然的；於是失業率自然提高、通貨膨脹率居高不下。經濟危機的加深，社會犯罪因而層出不窮，臺灣陷入極為不安的狀況。

三、重大的歷史悲劇「二二八事變」終於到來

火上加油，變本加厲。經濟蕭條、失業者眾、通貨膨脹、社會動亂、族群衝突、政府腐敗、朝野對立等等交互影響的惡性循環下，臺灣局勢似有一發而不可收拾的形勢。情況本已不妙，此刻又有大批從亞太地區被日本人徵召的臺灣人解役後回到臺灣，還有那些在監獄裡特赦後放出來的罪犯等都是當時的失業者，此也助長了社會不安的因素。[14]這些都增加了反政府、反外省人的力量。臺灣朝野關係係已經惡化到達高峰，不幸事件似有旦夕發生之危機。此時臺灣行政長官公署的行政長官陳儀仍然信心滿滿地向蔣介石報告謂臺灣的政治、經濟、社會一切均安，並且漸入正軌。[15]陳儀依然指示臺灣行政長官公署以及所屬各級單位繼續遵照三民主義的大道邁進。陳儀一向自信心甚高，他的部屬也只懂得投陳儀之所好，報喜不報憂的態度是為了自保和討好陳儀。其實民意已經完全與政府背道而馳，但陳儀仍關起門來做大官，做土皇帝。他根本忽視民情的趨向，也不設法去與民意代表紳

---

13 魏萼，《中國國富論》（經濟中國的第三隻手），時報出版社，臺北，
　二〇〇〇年五月。
14 同注 7，第一四二頁。
15 一九四七年一月十一日，蔣介石於一九四七年二月回電指出要懼防共
　產黨員的潛入臺灣。

仕去溝通，以化解危機。

　　於是一九四七年二月二十七日黃昏時刻終於發生了台北市太平町的街頭事件，憤怒的群眾聚集警察局，當晚基隆出現了暴動事件；二月二十八日台北市發生多次嚴重的群眾暴動，行政長官公署遭襲。晚上，陳儀頒布戒嚴令，希望以和平方式解決危機，許多外省人逃離台北市。這個事件延伸到三月二十一日。陳儀早已於三月十七日提出辭呈，五月十五日魏道明繼陳儀之後，擔任臺灣省省主席。這個事件中遇難的人口大約為八千人，當時全省人口約有六百萬人，這個死亡人口的比率相當高。[16]

　　這個事件發生後，一般臺灣民眾提出的要求甚多，基本上可以綜合為：要求政府道歉，懲罰有罪官員，並且撫恤受害家屬，進而要求政府不再藉口用什麼理由逮捕與此事件有關的人。群眾亦要求限制政府的權力，例如要政府解除戒嚴令，允許言論自由、出版自由等，同時亦要求政治體制改革，例如希望政權由臺灣人來決定，反對國民黨的專政；當然要求政府多雇用臺灣人，似有主張「臺人治臺」的意義。這些要求是無法得到國民黨中央政府認同的，但這些看法甚為重要。這顯示臺灣光復後，一般臺灣人的希望卻沒有實現，因為陳儀所主持的臺灣省行政長官公署所表現的並不是一個順應民意和廉能的政府。「二二八事件」發生後，陳儀本人也很同情有些臺灣人的想法，但為時已晚。陳儀不得不於三月二日很快的解除戒嚴令。這個事件影響至為深遠，是臺灣另一個悲劇的開始，這個悲劇的形成是歷史所造成的，是一個文

---

16 同注 7，第二六三至二六四頁。經研究並綜合各方意見而估出。

化的衝突，也是臺灣人的不幸。

四、此悲劇的發生與共產黨無直接關係

此事件的發生是多重因素所造成的，這已如上述；具體的說乃是陳儀的行政長官公署與臺灣的民意有相當程度的落差。這固然是歷史所造的，但陳儀的領導者性格的偏差是負起相當大責任的。所謂的打倒陳儀王國，這並非一時的情緒形成的。臺灣在一九八○年代已掀起了研究「二二八事件」的熱潮；共產黨始終認爲此事件與臺灣人「起義」有關。[17]中共官方則強調「二二八事件」是臺灣人民有著愛國熱情和反帝國主義，在毛澤東主席號召下的中國革命行爲。[18]另一方面國民黨也認爲此事件過程中共產黨扮演著十分重要的角色。[19]這個看法並不正確的；這要使歷史回歸歷史的原貌。「二二八事件」的發生是一種文化衝突的現象，此事件的發生與共產黨的起義並沒有直接的關係。[20]但是在事件發生後的三月二日，台中市有許多人集合起來響應臺北的群眾事件，並推舉謝雪紅爲主席，高舉實行民主政治的理想，反對中國國民黨的一黨專政。謝雪紅爲早期臺灣共產黨的領導人之一。謝雪紅原名謝阿女，臺灣彰化人，生於西元一九○一年，年幼父母雙亡，她擔任過糖廠女工，一九二○年代初到達上海，成爲共產黨黨員。中共派遣她赴莫斯科東方勞動大學學習。一九三○年代被日本警察逮捕，一九三九年獲釋。謝雪紅被

---

17 同前注，第二九一至二九二頁。
18 同前注。
19 一九四七年三月三十日中國國民黨「中常會」報告。同注7，第二二九頁。
20 同注7，第二二五至二三○頁。

捕的原因之一是發展臺灣共產黨，她曾於一九二八年四月在
上海參加成立臺灣共產黨建黨大會，她是當時臺灣九名左派
運動者之一。[21]謝雪紅是在「二二八事件」發生之後才站出
來支持「二二八事件」的。顯然的，因為謝雪紅等人的事後
參加了一些反政府的活動，致使「二二八事件」造成的悲劇
擴大，這也是一個事實；尤其本來已使爭論不休的臺灣統獨
對立問題，變本加厲。

　　自從一六二四年荷蘭人統治臺灣以來，近四百年來臺灣
何去何從的問題一直爭論不休。但是最嚴重的莫過於最近的
二十年，這與一九四七年的「二二八事件」是有直接關係；
臺灣光復後，陳儀執政的失敗是要負起責任的。臺灣的族群
之間的衝突何時才能減緩，這是臺灣執政者要認真去面對
的。自從一九八八年蔣經國辭世後，臺灣的政治亂象所帶來
的經濟蕭條和社會不安等，這已使臺灣同胞生活素質遭受傷
害。所謂的臺灣經驗是指戰後臺灣在邁向現代化過程中的得
失分析，此有正面，有有負面的教材意義。臺灣學
（Taiwanology）或臺灣研究（Taiwan studies）的重要性自然
不可忽視。

第二節　閩南人、客家、台灣人 都是一家人

一、中原人士的衣冠南渡與本土化

　　閩南人、客家人等民族族群本是一家人，來自中原中國。

---

21 同前注。

所不同的是與當地不同越人的融合，而產生了語言、民俗、
宗教信仰、生活習慣、甚至於民族性格的些微差異。閩南人
中的漳州、泉州、潮州等地是河南（漳州為主）、山西（泉州
為主）、陝西（潮州為主）等地中原人與各地方越人的融合而
形成。同屬閩南語系的漳州、泉州、潮州等地也有個別的語
言、民俗、宗教信仰、生活習慣等的不同，當然也有民族性
格上的些微差異。[22]

　　我國的百越之地，民族複雜，為南蠻的一支。中國中原
故土，地處中原神州華夏諸地。從中原神州為腹地觀之，北
有北狄、西有西戎、東有東夷、南有南蠻。南蠻當中有越、
狸、狪、猺…等民族。就以越人為例，也可區分成為許許多
多的族群，例如東越、甌越、南越、西越、俚、　、洞、蜑、
獠、洛等等。因為越人族群複雜而且眾多，因之，稱之為百
越或百粵。其地理分布的範圍也甚為遼闊，從今日的江蘇、
安徽、浙江、江西、福建、廣東、海南、廣西、甚至到越南
的北部等等都是古越人經濟活動的範圍。[23]

　　在中國歷史上，春秋戰國的時期中原人士大量南下越人
之地。以春秋戰國為具體例子，吳越之戰，即在今日的江南
江蘇、浙江交界處。商朝末年、周朝初年泰伯到達吳地，泰
伯東遷之前是否有中原人士到達越人之地，歷史尚無記載。[24]
商末周初，中原人士曾到江浙吳越之地，而是否也曾已到達
閩越、東粵之地，有待進一步探討。不過可以確認的是隋唐

22 謝重光，《客家源流新探》，武陵出版社，台北，一九九九年，第一七
　　七頁至二○二頁。
23 同前注，第五十八頁至五十九頁。
24 胡福明，〈吳文化歷史發展的特點與吳文化研究〉，《吳文化論壇》（2000
　　卷），（徐采石主編），作家出版社，北京，二○○○年，第一頁至第
　　五頁。

以後，中原人士「衣冠南渡」大量遷移至閩、粵之地則是歷史的事實。一千多年來，他們孕育了許許多多的歷史與文化，其中以今日的閩南人和客家人最值得研究。

晉永嘉五年（西元三一一年），這是中原人南遷的歷史重大變局。在此之前曾有秦始皇統一中國的南海尉趙陀，漢高祖則封趙陀為南越王等的中原人士擁有越人之地。陳勝、吳廣起義後，趙陀自立為王，南越曾獨立建國，直至漢武帝滅南越，南越歸漢朝版圖為止，也有許許多多中原人士因安土重遷而定居越地。但是永嘉之亂、五胡亂華時代的「衣冠南渡」則是眾多中原人士因避免人為災禍而南下越人之地，然後定居於越人之地。這是一個歷史常態，在中國歷史上則是經常發生的現象。而八王之亂、五胡十六國、五代十國等等都是重要例子。另外的樣版是唐朝中葉安史之亂以及唐末黃巢之亂，中原人士民不聊生。有志之士，為了避免戰禍，紛紛南遷，這些也是中華民族大遷移的另一重要歷史事件。還有宋朝末年，金人、元人等入侵中原，中原人與已經南遷的中原人士大結合，抵抗外侮。宋滅亡之後，又是一樁中華民族的大遷移。還有民末清初張獻忠之亂以及清季中葉洪秀全太平天國起義，又是另一個例子。中原人士南遷至越人之地則是歷史變局中的重要產物。閩南人、客家人本是同根生，但因閩南人與客家人所遭遇到的越地本土環境不同，因此產生的文化變遷也有些不同。在台灣，因而曾多次發生閩客不合事件，這是文化衝突的具體表徵，令人尋味。台灣的閩南人與台灣的客家人，也因為台灣海島文化因素，多少有其特色，此與原來的閩南人、客家人，有些文化上的不同，尤其

是台灣的閩南人中的漳州人。[25]

　　客家曾被誤以爲是一個漢族以外的少數民族。客人與主人是相對的名稱；客家人是指外來作客的人，此與當地人（本地人）、主人是不相同的。現在所謂的客家人是指福建汀江流域的汀州、江西贛江流域的贛州以及廣東梅江流域的梅州等三個地區的居民爲主要；當然的，以上述三河流爲客家人母親河的主體。居住在這些區域的人士（客家人）爲中心，還有外移到中國內地以及世界各國的客家人均包括在客家族群內。目前全世界的客家人應不少於五千萬人。客家人，在中國歷史上應該到處都是，因爲廣義的說，離鄉背井，客居在外的人都是客家人。但這些客家人都不見了，因爲在遷居過程中已被當地中原文化或其他少數民族文化所同化了，此屢見不鮮。唯比較特殊的就是前述的客家人。因爲汀江、贛江、梅江等三條母親河所孕育出來的是一個特殊的民族族群，有其特殊的文化傳承和民族風格；因此有其特有的族群生命力，屹立不搖了千餘年。在可見的未來，仍將枝繁葉茂顯現於二十一世紀的世界。[26]

　　汀江、贛江、梅江流域等地區山多地少，自然資源亦不甚豐富。由於交通不便捷，對外文化、經濟等交流不易。這些地區的原住民也是越民族的一支 —— 畬族。自古以來畬族在山地上生活了數千年，過著孤立自主的生活。它們靠著簡單的農作，以及耕織和狩獵爲生，代代相傳、生生不息。中原人士因爲戰亂，客居此地，與當地畬族的原住民產生所謂

---

25 高宗熹，《客家人》（東方的猶太人），武陵出版社，台北，一九九七年，第六十二頁至第八十四頁。
26 同注 22。

的文化衝突、文化融合的過程。此一地區華夷文化交融過程的陣痛期的歷程是可以想像的。其結果客家人的族群於焉形成。明言之，從文化衝突到文化融合的時間是漫長的，過程是艱鉅的。客家人大約南宋時期已成定型。這個客家人是中原人士的漢文化或者是　族的越文化成分居多呢？此答案應可探討。客家人以中原的漢文化為主要，這是必然的；但是關於畬族的地理、歷史文化等因素，客家人中的越文化成分應亦不少。凡我中華民族是一個各民族的大鎔爐，中原人士的漢文化以儒家思想為主軸。其包容性特別強，也就是在各民族融合過程中，其主導性特別強，這在客家人中自然不例外，但是因客家的特殊性，就是某些越文化成份比較多，這亦可能。為何儒家文化仍為客家文化的主軸呢？這與孔子思想的理學本質有關；其中漢字文化圈的主導性是任何其他越文化所難以比喻的。[27]

因此客家文化所展現出來的在於客家的語言、民俗、宗教信仰、生活方式、民族性格等均有特色。此乃漢越一體論，而非純漢化論或純越化論。此時此刻確實很難找到純種的漢人或純種的越人，而只能說其為中華民族的一個成員，但它並不是中國少數民族之一。客家人雖為漢越文化的結合體，卻以中原文化為本位。這個情形，閩南人也是如此。閩南人、客家人等在這一方面的性質甚為相似。[28]台灣的閩南人、客家人等雖多少有台灣原住民（尤其是平埔族）的血統，但離不開漢越一體論的範圍，這或許因為台灣的平埔族應也是古

27　同前注。
28　邱彥貴、吳中杰著，《台灣客家地圖》，貓頭鷹出版社，台北，二〇〇一年，第八〇頁至八十七頁。

越人的一支吧！同理亦可說明新加坡、馬來西亞或泰國等的華人在內。這是漢越一家親的意義。

二、漢越一體論溯源

然而台灣‧台北之馬偕醫院醫學研究科研究員林媽利女士則分析人類白血球抗原（HLK），發現台灣人常見的白血球抗原屬於中國東南沿海的越族基因，她並以「族群系統發生樹與族群相關分析」計算，結果她發現台灣人是屬於南亞洲人種的「越族」族群。林媽利是以台灣的閩南人、客家人以及新加坡華人、泰國華人等分別研究，其結論是這些族群與中國北方人種的基因有顯著的不同，並且判定台灣人（閩南人、客家人）屬於中國沿海的越族。馬偕醫院林媽利女士的研究結論似甚主觀、勉強。[29]因為在台灣的閩南人、客家人與在福建、廣東、江西等地的閩南人、客家人已經是漢越一家的共同體，其中以漢化越人居主流。有所謂「漢中有越，越中有漢」，此乃中華民族血統的典型，可是在台灣有些分裂主義者的看法則不以為然。若經遺傳學及語言學的角度分析，南方中國人與北方中國人與南中國漢人或北方中國漢人的遺傳基因確有些差異；就以台灣人的血統來說，漢人中有越人的血統，甚至擁有原住民的血統，這是一樁極為平常的事，何必稱奇。馬偕醫院林媽利女士的研究結果甚值重視，但其解讀有些勉強，難以理解。[30]

客家人因為客居山區，對外交通不甚方便；於是民風比

---

29 〈台灣人屬中國東南沿海「越族」〉，《聯合報》，台北，二○○一年四月二十九日，第六版。
30 在台灣，現在恐怕找不到純種人，這是台大語言研究所教授張裕宏博士的看法。《聯合報》，台北，二○○一年四月二十九日，第六版。

較保守。另外，山區資源也不算豐富、經濟發展落後，平均國民所得不高；客家人日常生活從事農耕和狩獵，其手工藝也不甚發達；由於客家人「客居」的歷史背景，百姓勤勞、節儉。客家人平時勞苦終日，其目的在於力求溫飽；客家人因為沒有安全感，所以他們甚為勤奮進取，彼此團結互助。此外，客家人也因之比較重視彼此合作和個人利益的取得，或許有所謂比較保守與狹隘的客家文化形態。[31]最重要的文化本質是客家人秉承儒家思想文化，民風保守而封建，並且凸顯出重視儒生的社會心態。所以「萬般皆下品，唯有讀書高」讀書風氣甚是高漲。所以客家人中舉人、秀才等特別多，這也是一個特色。於是客家人傑出人才比比皆是。他們貢獻了家鄉，也貢獻了國家，甚至於也貢獻了世界。朱熹及王陽明為中國宋明理學的代表性人物。他們倆人均是客家人。政治家曾國藩、梁啟超、孫中山、鄧小平、李光耀等也是客家人，胡文豹、胡文虎、李嘉誠等工商界人士也是客家人。客家人的傑出表現，已令世人刮目相看。客家人的種種事蹟，也已被譽為東方的猶太人。猶太人散居世界各地，尤其在東南亞地區為最。客家人在中國、在海外被同化者也不少。香港商界聞人李嘉誠世代為客家人，其祖先後來移居潮州地區，所以李嘉誠被視為潮州人。類似李嘉誠的情形甚多，特別是台灣客家人被閩南人所同化數量最為顯著。這種情形在福建、廣東的閩南語系中也屢見不鮮。這就是所謂福佬客的由來。

　　客家人世居閩西南、贛南、粵東等地區。從客家人的發

---

31 劉錦雲，《客家民俗文化漫談》，武陵出版社，台北，一九九八年，第一十三頁至四十七頁。

展史觀之，應是從福建的汀州開始，特別是閩贛交界之處。
譬如從閩西長汀開始向贛南移民，然後再向粵東移民；如今
客家以汀江流域、贛江流域、梅江流域等三個地區為主要。
而汀江、贛江、梅江等三條河流域為客家人聚集之地，則被
譽為客家人的母親河。這已如上述。

　　客家人移民特質的文化性格之一是缺乏一定的安全感。
遠在衣冠南渡之時，中原士族之官宦世家、仕族、武士、臣
民等的南遷，客居在閩、贛、粵等三角地帶，為了防患外族
人士的入侵或政敵的傷害，廣泛興建土樓，其中有所謂的圓
樓、方樓、鳳凰樓、八角樓等等。其主要目的不外是預防外
侮和敦親睦鄰等。客家人因為歷史文化背景特殊，因為缺乏
安全感的保守心態，所以他們比較重視鄉土的保護，這種保
鄉衛民的心態也影響了他們的經濟發展的形態。另外，他們
為了心靈上的寄託，所以也比較信奉鬼神和迷信。客家信奉
中原各種民間信仰如關公、八仙、城隍爺、土地公、觀世音
菩薩、濟公活佛等等，應有盡有。閩南人則特別信仰廣澤尊
王、太子爺、媽祖、保生大帝、清水祖師等等。閩南漳州人、
泉州人等的民間信仰，客家人都同樣敬拜之，有過之而無不
及。客家人還把這些外來的民間信仰，本土化之。例如閩南
人的海神媽祖，在福建沿海地區，把媽祖奉為救濟海難的「海
神」，客家人則變成為保山衛民的「山神」。此外三山國土廟
是客家人所特別崇拜的山神。三山國王為一山神；來自廣東
潮州揭陽地區的山神。三山是指巾山、明山、獨山等三座山，
三山國王的山神最為客家人崇拜信仰的代表。客家人的民間

信仰是多神論，此與閩南人相同，但有過之而無不及。[32]

三、臺灣的義民與亂民

　　客家人因爲在客家母親河地區的經濟發展困難，何況在承平時期人口繁殖快速，民生日益困難。於是有人口再外移的趨勢。以明末清初爲例，客家人口外移主要的三個方向以中國大陸內地、海外、台灣爲代表。明末清初張獻忠爲亂，四川省幾乎變成無人之地，田園荒蕪。於是客家人大量從廣東移往湖南、四川等地居住，但在移居過程中則也散居在所經各地。另外，海外的客家人，尤其是東南亞地區的華僑客家人隨著鄭和下西洋以後大量增加。台灣的客家人在鄭成功佔領台灣以來以陸陸續續有客家人移居台灣，但清朝康熙六十（西元一七二一）年，朱一貴叛亂之平定，客家人貢獻甚大，於是清政府放寬客家人從大陸移居台灣。台灣客家人於是大量增加，定居於西北台灣的桃園、新竹、苗栗等山地與丘陵地。一般來說，較早偷渡到台灣的客家人則集中在南台灣的高雄、屏東等地。客家人移居台灣的人數較少，較晚，影響力較少，所以只能到山地和丘陵地住。[33]

　　客家人在海外，很像猶太人。他們或許在本國沒有辦法發揮其才能，一旦到海外以後，其生命力和生存的潛力就大大的施展出來。客家人在工商界、學術界、政治界、藝術界等的傑出表現，似有猶太人的影子，令人敬佩。還有客家爲漢越人的共同體，但基本上客家人均自命爲中原人士，以正朔的中國人、中原人自居。一般來說，客家人比較支持中央

---

32 謝重光，同注 22，第一八六頁至一九五頁。
33 邱彥貴、吳中杰，同注 28，第二十二至二十八頁。

政府的大一統思想。客家人有所謂的硬頸精神的忠義之風。
客家人反對分裂主義，重視氣節和忠孝義理，並且也富有尚
武的精神。這在台灣政治發展史上有其特別的意義。這也可
從以下幾個史實得到證明。

　　客家人與閩南人本為同根生，只因人文與地理背景彼此
互有不同，所以客家人與閩南人的民族文化性格是有些差異
的。何況閩南人當中的漳州、泉州也有些必然性的不同。閩
南人地處「七閩」之地的漳州與泉州，與該地越人世代定居
於沿海地區，所以性情比較開放。比之客家人於山間與　族
相結合，當然不可同日而語。閩南人中的漳州人務農，泉州
人經商。務農為生的漳州人比較傾向於安土重遷的鄉民性
格，其民族文化性所表現出來是愛護鄉土，不善辭令的憨厚
務實、不投機取巧的民族本質，此與泉州人以經商為主業的
民族文化性格，是有明顯差距的。在台灣的漳州人一旦定居
台灣以後，就是以鄉土為主，因為落地生根、愛鄉愛土，有
時也會因此而失去理性。在台灣政治發展史上的一些動亂，
大體上皆是由漳州人帶頭的，例如西元一七二一年的朱一貴
（漳州長泰人）事件，西元一七三二年的吳福生（漳州平和
人）事件，西元一七五七年的黃教（漳州龍海人），西元一七
八六年的林爽文（漳州平和人），西元一八三二年的張丙（漳
州南靖人）事件，以及西元一八六二年的戴潮春（漳州龍溪
人）事件等等都是如此。相反的，擺平這些事件的「義民」
都是客家人或泉州人。[34]客家人經常以捍衛中原正朔為訴

---

34 戚嘉林，《台灣史》（一），（二），農學股份有限公司，台北，一九九
　八年，二五五頁至三八三頁，四二七頁至四五九頁，四五九頁至五一
　五頁，六七三頁至六九五頁。

求，泉州人多少也有此傾向。在台灣例如新竹新埔的義民廟則供奉了許許多多民族英雄諸如沈葆禎、劉銘傳、唐景崧、劉永福、丘逢甲以及那些平亂而捐軀的義民等人，而在南台灣的高雄等地則對於朱一貴、林爽文、黃教、戴潮春等人則是崇拜不已。目前的台灣人多少有統獨之爭。就又以二〇〇〇年三月十八日的台灣總統選舉觀察之，南台灣漳州人居多，陳水扁的得票率則高於宋楚瑜，北台灣泉州人居多，宋楚瑜的得票率則高於陳水扁，這只有宜蘭縣除外，原來北台灣的宜蘭縣陳水扁得票率高於宋楚瑜，此乃因為宜蘭縣的漳州移民佔了百分之七十八。同理也可看出台北市北區陳水扁相對的高得票率，而台北市南區則相反。這個範例相當有趣，也值得重視。

一六六一年鄭成功（泉州南安人）攻台得力於客家人劉國軒（福建永定人）的兵力，當時也得到荷蘭人統治時期漢人的響應、起義，於是鄭成功收復了台灣。清朝康熙二十二年，西元一六八三年施琅（泉州晉江人）攻台，也同樣得力於劉國軒的號召與響應和漢人的起義。於是開創了大清政府統治台灣二百一十二年的歷史。上述兩項改變台灣的歷史都是依靠武力和台灣內部人士的支持，當然此與那時荷蘭人以及明鄭之鄭克塽統治台灣時期經營不善、失去民心有關。當中客家人與泉州人則扮演了重要的功能。這些事件又與台灣政治發展史上的朱一貴、林爽文、戴潮春等漳州人作亂，也多少依靠泉州人與客家等平亂的意義可以相提並論，互相印證。

在國民政府遷台以後，兩蔣（蔣中正、蔣經國）統治下的台灣，在海外的台灣客家同鄉會、台灣客家同鄉聯誼會等

一般來說是支持一個中國的主張，並且多少傾向於一個統一的中國。可是台灣同鄉會則是明顯的主張分裂中國的台灣獨立思想，台灣同鄉聯誼會則傾向於支持當時的國民黨領導，可是兩蔣以後的台灣同鄉聯誼會則明顯的傾向於李登輝的思想路線，逐漸與台灣同鄉會分裂主義思想相結合。此時令人回憶到一八九五年中日甲午之戰以後，台灣割讓給日本，客家人唐景崧、劉永福、丘逢甲等人籌組「台灣民主國」，國號永清（永戴聖清），有文化傳承本質上的意義，此一問題，令人有進一步認真思考的必要。[35]這個答案多少也可以從五十幾年來台灣民主發展史上的客家人、泉州人、漳州人等的選民結構和選舉行為去進行分析。

四、閩儒、客儒與台儒

客家人、閩南人、台灣人等三者所居住的地區都是中原儒家文化影響力甚深的地方，三者各因承受的歷史地理因素不同，其所展現出來的文化表徵也各有所不同。這可從民間信仰、儒家理學、以及族群性格等三方面分析之。

客家人、閩南人、台灣人等三者均重視民間信仰的多神論，由於移民的本質，缺乏安全感，三者均膜拜鬼神和祭拜祖先，但難免有超過迷信的俗套。這些人的地區廟宇林立，其密度之高冠蓋全國，尤其是台灣，堪稱全球寺廟最多的地區。「天人合一」的宗教觀深植民心。客家人膜拜山神，以三山國王為主要，也把媽祖海神當成山神供奉。客家宗教文化特色具保守特性與包容性。傳統中國各種民間信仰，在客家

---

35 以藍地黃虎國旗；「台灣民主國」的立場是「台灣士民，義不服倭，願為島國，永戴聖清」。

地區應有盡有。閩南人的民間信仰呈中國傳統民間信仰的縮
影，除了媽祖海神以外，漳州人膜拜開漳聖王和保生大帝等
等，泉州人膜拜廣澤尊王和清水祖師等等。台灣的客家人、
閩南人等民間信仰並沒有因爲客家人、漳州人、泉州人之間
明顯區別，這是因爲台灣地區閩客之間融合頻仍，特別是漳
泉移民的密切交流與融合。

　　儒家宋明理學的大本營即在閩南、閩西、贛南及粵東等
地。朱熹、王陽明皆爲宋明理學的代表人物，他們倆人皆爲
客家人。朱熹長期在漳州講學，是閩派理學的開山祖師。閩
派理學乃朱熹思想之代表。宋明之後，海上活動日益頻繁，
東西文化交流不斷發展，遂使閩南人、客家人的儒家理學遭
受到外來思想不斷的衝擊與融合。如今已自成一個富有閩南
特色的新宋明儒家理學文明。客家儒學一向傾向於保守內
斂，比較傾向富有傳統中國儒家思想中的三從四德習性。客
家硬頸精神的儒家思想，對於忠孝節義的情懷特別堅持。百
姓亦文亦武，耕讀傳家蔚爲成風氣，如此代代相傳、生生不
息。

　　台灣歷史地理環境有異於閩南。由於東西交流文化頻
繁，已逐漸形成一種閩南人、客家人的儒家理學文化與西方
文化的結合體。這是所謂客家文化的黃色大陸文明，閩南文
化的黃藍色（大陸與海洋）文化文明，台灣文化的黃藍色融
合其正在尋找一個富有台灣本土色彩的綠色文明。這個綠色
文明乃是台灣一些政客刻意塑造出來的，他是有意識形態的
限制，無法做到解放思想、實事求是，這或多或少已造成了

台灣政治發展、經濟發展的傷害。[36]

　　就以儒家理學來說，台灣以媽祖文化為代表，是「釋道儒」的結合體，這與閩南以大道公（保生大帝）與祖師爺（清水祖師）文化為代表的儒家理學「儒釋道」的結合體有些不同，這也有異於以三山國王（山神）文化為代表的客家理學「道儒釋」的結合體。台儒、閩儒、客儒三者同源，其實很難找到儒家理學明顯的歧異點，以上的分析也許有些勉強，但其歷史地理背景的不同變遷，多少也產生一些儒家理學異化，這也在所難免。基本上應與宋明理學儒釋道為主要所融合的思想體系相去不遠。客家人、閩南人、台灣人的族群性格亦略有所不同。閩南人一般來說性格較為豪放富於開展、開發與開拓的精神，其特性具有創業精神。其中亦有漳泉之間的差異，但本質上大體相似。客家本性較為保守安分守己，腳踏實地、奮發圖強、刻苦耐勞，克勤克儉，忠君體國。台灣人中閩南人、客家人族群性格共同點，難免有誠如日本統治台灣時（西元一八九八年）第四任總督兒玉源太郎的政務長官後藤新平所認定的台灣人有畏威而不懷德的心理，這或許是台灣特殊移民的社會，缺乏安全感，為了求生存而產生的一種投機、苟安心態。這個文化也許是一個必然性反映吧！因此日本對台灣統治的哲學是軟硬兼施的懷柔政策。

　　台灣人的民族文化、民粹性等與中國各省各地區一樣皆有其獨特。中國文化是多元一體的本質，因此中國二十五史中，「中國」這個名詞出現者多達二千二百五十九次，就以司

---

36 二〇〇〇年五月二十日，陳水扁擔任台灣總統以後，有許多意識型態的政治，經濟政等主張，其結果造成台灣政治混亂，經濟蕭條。

馬遷史記中出現「中國」這名詞也多達一百一十八次之多。[37]
因此可以說是中國是中國人、中國文化、中華民族共同的中
國，她也是一個歷史的常態；所以中國歷史上有挾天子以令
諸侯，尊王攘夷，逐鹿中原的一般看法，並認爲王業不能偏
安。這是有中國歷史文化的意義的。

第三節　閩南文化的經濟意義

一、閩南人是中國的猶太人

閩南人本是南遷的中原人與當地（閩南）的越人相結合
者。今日的閩南人則因地而異；泉州、潮州、漳州等地的越
人因人文與地理等相似，以至於今日的閩南語中的泉州、潮
州、漳州等文化甚爲近似。[38]中原人士南遷始自四世紀初晉
朝永嘉之亂，但是中國歷史上的大變局，如南北朝、五胡十
六國、五代十國以至唐朝的黃巢之亂、宋室南遷、太平天國
等歷朝歷代的內戰都是構成中華民族大遷徙的重要因素；因
此，閩南人的形成是歷史造成的。閩南人與客家人都可稱爲
中國的猶太人，他們離鄉背井、四海爲家，遠赴海外創業，
在經濟上成就非凡，尤其以東南亞地區最爲突出。閩南人擁
有儒家思想的民族文化資產，溯自南宋朱熹的閩南派，其對
閩南文化的影響甚鉅。紫陽、龍山以及鄴山等三個書院是朱
熹講學的地方，其中尤以漳州的鄴山書院最具代表性（朱熹

---

37 該項資料是台灣大學歷史系教授趙雅書博士提供的。
38 Wei, Wou, "History and Culture", Fujian：Gateway to Taiwan, Oxford
University Press, Oxford, England, 1996, pp. 1-29。

曾在漳州擔任知府）[39]。新儒學中的濂、洛、關、閩四大派中，閩學的代表就是朱熹；新儒學即為理學，其主要精神在修身養性和愛人愛國。閩南人深受此理學的影響與傳承，養成節儉、勤勞、守信、尚義等理性行為，這對於國家社會的經濟發展均有深刻的影響，尤其閩南人離開家鄉之後，更能感受到創業與理財的重要性。這是身在異地缺乏安全感，只有力求經濟成就來保障人身安全，並提高社會地位。由於閩南人在海外的經濟力量壯大，創造不少經濟奇蹟，也促使他們在東南亞有舉足輕重的的影響力，甚至足以左右僑居地的政局。[40]亞太儒家文化經濟圈之日本、韓國、香港、新加坡、台灣等地區經濟發展表現，已充分顯示儒家文化經濟圈的定義，這在東南亞的華僑社會也可以充分顯示出來。這個具體的意義與產業革命以後的西歐、北美等基督新教在經濟發展以及國家現代化的意義上是相同的；在南歐、中南美洲的天主教國家就沒有這麼幸運，其理由是，天主教國家的宗教理念，多少與市場經濟原則相違背的（這也說明南歐天主教國家的經濟發展，無法與西歐的基督教國家相比較）。

二、閩南文化是經濟發展的動力

閩南人之所以能夠掌握經濟發展的動力，文化因素是其中一個重要關鍵。[41]談到文化的優劣性比較，應該可以從經濟發展的狀況得到一些結論。當然，這裡必須強調的是，文化本身並沒有什麼優劣性，而各種不同的文化也應該給予相

---

39 同前注。
40 同前注。
41 魏萼，《中國國富論》（經濟中國的第三隻手），時報出版社，臺北，2001 年，第二〇一至二三二頁。

同的尊重，可是，不同文化所代表的不同民族性，其在經濟
發展上是有明顯的差異性：台灣閩南人的經濟奇蹟便是一個
具體的例子；倘若菲律賓人或馬來西亞人在台灣，是否能創
造出以往台灣經濟奇蹟的經驗，答案顯然是否定的。這凸顯
東南亞華僑何以能在經濟發展上有獨特表現的文化面理由，
也說明基督新教地區之經濟發展表現優於天主教世界的道
理；[42]此外，大乘佛教北漸派地區的經濟發展高於南頓派地
區以及藏傳佛教地區，都可以用文化的因素加以解釋。文化
宗教是經濟發展的第三隻手，這隻手有其看不見的威力，它
是經濟發展的動力之一。[43]

閩南人在福建約有一千三百萬人，在台灣約有一千七百
萬人，在南洋約有一千兩百萬人，若再加上世界各地講閩南
語的人口約有兩百萬人，統計全球將近有六千萬的閩南人，
這個數字還不包括潮州語系的人口。閩南人經濟生命力之強
大，充分表現在閩南鄉僑所在的僑居地和台灣，更由於僑匯
的因素，閩南人對僑鄉經濟繁榮的貢獻也很大。[44]閩南之漳、
泉、廈等金三角是福建省經濟的主力地區，自從一九七八年
中共改革開放以後，這個地區對於中國文化的復興極為快
速，更因僑資、臺資的湧進，其經濟發展也活力充沛，表現
極其亮麗；這是外來的海洋文化（藍色文明）與中國黃土文
化（黃色文明）相結合，產生了經濟發展的新生命力。

---

42 Novak, Michael, The Catholic and the Spirit of Capitalism, New York：
The Free Press, 1993。
43 Weber, Max, The Protestant Ethic and the Spirit of Capitalism, New
York：Free Press, 1958。
44 同注 38。

三、閩南文化中的儒家思想

　　儒家思想在閩南似可繼續光大。儒家始自孔子，孔子整合、持續並創新周公的思想而自成一個體系，此乃中國文化的道統，這是中國人的智慧，也是世界的文化資產。中國歷經戰亂，各朝代不斷興替，但是此一道統始終屹立不搖，中華文化雖會在短期顛簸動盪，但終將回歸正統。儒家思想是以「仁」作為出發點，基督教思想是以「神」作為出發點，但二者都是屬於理學，在這一方面，他們是相通的。儒家重視科學，這可從李約瑟的《中國之科學與文明》一書得知。因此，儒學也重視物質的生產，儒家思想的「心物合一」論，也提供了可行的觀點。如果說科學的發展必須重視倫理與道德的哲學意義，儒家文化對此並不偏廢。[45]儒家思想的王道文化，也許在「打天下」有其不利性，若是「治天下」則王道永遠勝過霸道，這也是中華文化永垂不朽的道理。

　　「格物」在〈大學〉的意義與〈中庸〉所重視的「盡物」之性相通。「格物」要先認識該物的屬性（尤其要認清其科學性），進而發揮該物的價值；「來百工，則財用足」〈中庸・二十一章〉，只要招徠百工，百業發達，經濟自然發展，財政自然充裕，則是〈中庸〉重視的思想；〈大學〉有「財聚則民散，財散則民聚」的藏富於民之思想。儒家思想強調德治的重要，所以〈大學〉有「君子先慎乎德：有德此有人，有人此有土，有土此有財，有財此有用。德者，本也；財者，末也。」這充分傳達王道經濟政策的立基點，是以得民心之德政為主

---

45 胡適，《中國哲學裡的科學精神與方法》、《胡適與中西文化》，水牛出版社，臺北，二〇〇一年，第二五至六八頁。

軸，然後財政可以豐足，這即是「養雞取蛋」的理論。這個
經濟思想鼓舞了中國經濟發展 ── 特別是閩南文化經濟圈的
地區。只要政府經濟制度與政策方向正確，中國經濟發展自
然良好；換言之，擾民的經濟政策則無法產生「養雞取蛋」
之功效，特別是「殺雞取卵」或「竭澤而漁」的經濟制度與
政策，是不被有深厚儒家思想的中國人所歡迎的：這可從戰
後的中（包括台灣）、日、韓、港、星等地的經濟實證得到答
案。[46]

四、儒家思想中的社會主義

　　由於儒家思想的影響，一旦百姓生活改善之後，國人則
有追求知識、教育的慾望，此乃不斷促進國家現代化的主要
動力；如此，當可使國家經濟再起飛，社會邁向更文明，終
至達到大同世界的理想境界。中國人從「各盡所能，各取所
值」發展到「各盡所能，各取所需」的發展過程，是百姓自
動自願，並非政府的政令或藉助租稅而來的。北歐五國（瑞
典、挪威、丹麥、冰島、芬蘭）是全球文明的社會主義天堂，
這些國家的社會主義是藉著政府的經濟力量達成的。北歐國
家的政府把其國民從初生嬰孩的搖籃開始照顧，一直照顧到
死亡進入墳墓；他們百姓的一生被妥善的安排，這種機械化
的社會主義生活，取代了家庭倫理和人生價值，北歐國家社
會自殺率高，酗酒和吸毒的狀況特別嚴重，不是沒有道理。

　　東西方社會主義的方向完全不同，西方基督新教的世界
是從私人經濟發展到政府經濟的社會主義，而東方儒家新教

46　魏萼，《中國國富論》（一個富有中國特色的國富論），時報出版社，
　　臺北，二〇〇一年，第二五至六八頁。

的世界則是從政府經濟發展到私人經濟為主的社會主義，二者是非常明顯的對照。[47]換言之，東方儒家思想重視人倫的社會主義，而閩南文化與儒家思想是相輔相成的。然而，閩南的儒家文化歷經時代的變遷，難免產生異化的現象，這使閩南文化步上庸俗性的困境。閩南儒家文化可以促進國家的現代化，而庸俗性的閩南儒家文化則將帶來現代化的災難。當前閩南文化正面臨中國黃土文化與西方海洋文化的重大衝擊，閩南儒家文化何去何從，值得學術界深思。

第四節　臺灣・閩南的文化與經濟

一、臺灣・閩南的文化的特色

　　閩南文化乃是中華文化大家庭中的一個重要成員，而臺灣的閩南文化卻是福建閩南文化的延長，它當然也是中華文化的一份子。臺灣閩南文化受到外來文化的影響較大，甚俱生命力，其對於市場經濟的發展頗有正面的意義：這是福建的閩南文化所未有的。中華文化，尤其是儒家思想需要外來文化的融合才能產生活力。十一世紀以後西方十字軍東征和東方蒙古西征的衝突，復加之河西政情不安，南北絲路受創極深，於是河西走廊的繁華不再；海洋文化的崛起，東方與西方文化的交融，這是台灣閩南文化的特色。[48]福建的閩南

---

47 Fanfani, Amintore, Capitalism, Protestant and Capitalism, London：Sheed & Ward, 1985, p.159。
48 儒家文化若能與外來文化交融是有益於經濟發展的，否則容易變成腐朽儒學，其對於經濟發展無益。

文化源自中原的河洛文化，然而亦有些不同於原始的河洛文化，這也是有別於當今中原河洛地區經濟尙待振衰起敝的根本原因。

臺灣閩南文化自喻以爲河洛文化，其實客家文化亦屬河洛文化的一支，所以河洛文化不僅是臺灣閩南文化的代名詞而已。客家文化與閩南文化同中有異，主要的是與不同的古越民族相融合。當今的閩南方言不全是唐代中原的語言，而是有關中原語言閩南本土古越化以後的語言；這可以閩粵兩省方言特多爲例，得到啓示。臺灣的河洛民族以中原民族爲本位，先是閩南古越民族本土化，繼之乃有臺灣「高砂」民族本土基因，基本上皆同屬儒家文化閩南經濟圈的範疇；但必然有些差異。這即是台灣閩南文化的源頭。由於歷史的變遷和外來文化的融合，台灣閩南文化已經成爲臺灣文化的主流文化，它是臺灣經濟發展中「一隻看不見的手」，默默地在推動臺灣經濟發展。[49]

中華文化以儒家思想爲主軸，儒家文化的本質是整合之，持續之，創新之，它是要以「古爲今用」、「洋爲中用」、「與時俱進」爲本位。換言之，它要消化外來思想，深化自己思想，否則此將會變成文化的沉澱，自當有礙於經濟的發展。台灣的儒家經濟文化呈現於穩住中華儒釋道的源頭文化，落實於與時俱進的西方活水文化，這是*潺潺滾滾*的中國歷史長河與浩浩蕩蕩的時代巨輪相結合。此具體的結晶品乃是馬祖海洋經濟文化，富有稻米文化圈的務實經濟本能，顯然此與中國北方小麥文化圈或畜牧文化圈等重視情義的本質

---

49 魏萼，《中國國富論》（經濟中國的一隻看不見的手），時報出版社，台北，二〇〇〇年五月。

有些差異。前者有利於市場經濟的發展，但更要有法制的束範；後者有利於道德價值觀的發展。具體而言，在情、義、理的優先次序上論，畜牧文化圈偏向於義，小麥文化偏向於情，稻米文化圈偏向於理，但從農業社會裡轉向工業社會的過程中，法制社會的建立日形重要。[50]

閩南文化圈的漳泉兩地「冷文化」基本上是相同的，但是泉州港都文化自從唐朝中葉以後一向扮演對外文化與經濟交流的角色功能，尤其是宋元以至明代中葉期間最為興盛，這與漳州一向以農為業的文化性格是有些差異的。泉州人在求真、務實、創業、航海、商務、投資等等商業市場經濟的觀念上顯然與漳州有些不同。就以儒學的定義來說泉州傾向於功利主義的入世文化觀，而漳州的儒家文化則相對的有些偏向於倫理或傳統文化觀。所以說前者相對的有擁抱大海「落地生根」的胸懷，後者則相對的有擁抱大地「落葉歸根」的執著。台灣的閩南文化確實也有地區的區別，例如有許多漳州人聚集地方表現出所謂愛鄉土「安土重遷」的民系性，這以臺灣的宜蘭縣的羅東地區的小漳州最為典型，相反的彰化縣鹿港地區的小泉州卻呈現出不同的意義。[51]

二、臺灣閩南文化與功利主義儒家

臺灣的閩南文化被稱之為河洛文化，這僅是狹義的說法。其實河絡文化係自黃河的洛水地區，其含蓋了所謂的華夏、神州等故地的文化，這包括了仰韶文化、龍山文化等的源頭活水；這包括了山西、陝西、河南等為主要的故土。閩

---

50 同前注。
51 這不僅有經濟意義，也富有政治取向的內含。

南文化來自中原地區,當然是源自河洛文化;客家文化亦源自中原地區,亦當然源自河洛文化,因此亦是河洛文化的傳人。閩南文化中的漳州與泉州等因歷史、地理、政治、經濟、社會等的變遷因而產生略有差異性的文化遺傳基因。這猶如江蘇的江南、江北文化差異。臺灣的閩南文化雖亦因小漳州或小泉州之間略有差異,但在不斷的融合當中。就整體臺灣閩南文化來說這正在轉形中,亦即從儒家農村社會經濟文化,轉變爲儒家工業社會經濟文化。換言之,或許可以說從傳統主義的儒家文化轉變爲功利主義的儒家文化。[52]

儒家思想在南宋時代的朱熹(一一四三~一一九四)是集一大成。朱熹的思想體系乃是所謂的閩派。十二世紀朱熹的新儒學是有其時空的意義,它重視倫理的儒學戰勝了陳亮(一一四三~一一九四)功利主義的儒學。朱熹的出世的思想、主張受到在朝官員的肯定,而陳亮入世的功利主義,實用主義儒學等務實的看法反而在當時無法被執政者所接受。由此可見所謂道學的重要性,可是這些道學若引用不當或許可能是經濟發展的阻力。[53]朱熹的閩派思想幾百年來對於閩南的經濟發展與現代化是否有產生正面的作用,有待評估。

臺灣閩南文化與其他地區閩南文化相似而有不相同。這是因爲台灣的歷史、地理、政治、經濟、社會等的變遷有其獨特性。所以說臺灣的經濟發展與現代化走向已展現出不同的風格,此也有待學術界進一步去發掘。

所謂的閩南文化圈應是指講閩南語爲主要的文化地區,

---

52 田浩著,姜長蘇譯,《功利主義儒家:陳亮對朱熹的挑戰》,江蘇人民出版社,南京,一九九七年七月,第一至第六十八頁。
53 同前注。

這包括福建省閩南地區的漳州、泉州、廈門等地，廣東省的潮汕、湛江等地、海南省、臺灣省的許許多多縣治，浙江省溫州地區平陽等幾個縣治以及東南亞的菲律賓、越南、新加坡、馬來西亞、印尼等地的許多僑社等等在內。閩南文化圈內有許多共同的文化，譬如說以儒釋道融合體爲主要的中國文化，這個文化在十二世紀的宋朝已成體系，但此閩南文化與中國其他地方的儒釋道文化，雖然同屬中國文化的大家庭，其文化本質的源頭治水應該都是一樣的，但有其地區性的特色。

中國北方的儒、道文化早在漢朝時候已具模型，尤其唐朝時期大規模的深入佛教文化之後，更具特色。此時這個文化主流已經融合了西戎、北狄和東夷等地區性的文化。唐代中原文化大舉南遷，這個儒釋道爲中心思想的中國文化又融合了所謂南蠻文化，亦即與廣大的百越地區文化相結合，這個組合的中國文化在十二世紀的宋朝似已定型。廣大的百越地區幅員遼闊，民族複雜。就以廣大的地區而言，北從江南的蘇杭，南至瓊洲海南和越南交州，西自廣西貴州交界，東達東海之濱、南海之岸等地；就以眾多的民族而言，有吳越、閩越、南越、甄越、楚越以及畬族、狪族、獠族、狸族等等。這個地區基本上是屬於稻米文化圈的範圍，與漢唐文化的小麥文化圈有些不同；主要的區別在於文化組成的要素有些差異；小麥文化圈基本上是以長江以北，特別是以黃河流域爲主要，並且以東夷、西戎等民族與華夏中原的漢民族等爲主要，而稻米文化圈基本上是以長江以南，特別是以珠江流域爲主要，並且以南蠻百越民族與華夏中原民族的融合等爲主要，這當然是包括從小麥文化圈轉移成爲稻米文化圈的中原

漢文化在內。上述二者顯然與原來的西戎、北狄等的畜牧文化圈是有區別的。

閩南文化圈是稻米文化圈的一個重要環結。這個擁有近六千多萬人口的閩南文化地區亦可分成許多不同的閩南支文化地區，其中以臺灣的閩南文化圈為最；這是最大，也是最有特色的閩南支文化圈。臺灣閩南文化圈約有一千八千萬人口，主要的是閩南地區漳泉廈等閩南人移民至臺灣的，此約佔臺灣當前兩千三百萬人口的百分之七十以上。[54]臺灣的閩南文化與其原鄉福建的閩南文化是同源的，但有些區別。毋庸置疑的是臺灣閩南文化是中國文化的一部份，臺灣的閩南人也是炎黃子孫。臺灣閩南文化與華夏神州中原文化的關係是密切的，這與齊魯文化、吳越文化、荊楚文化、嶺南文化、客家文化等等一樣都是中國文化的支文化。

三、臺灣閩南文化的經濟意義

臺灣的閩南人與客家人主要的就是來自東南中國閩粵地區的閩南人與客家人，但臺灣閩南文化或客家文化自有其特色。就以臺灣的閩南文化而言，臺灣歷史地理人文環境與福建的閩南是有明顯差異的。臺灣的閩南人四百年來遠離家鄉而謀生計，這在民族性格上有著很大的變化；台灣的歷史經過荷蘭人、西班牙、明鄭、清政府、日本人、國民黨人等不同政權的統治，臺灣人為了生存，也使得民族性格起了很大的變化，這有臺灣海島一向為黃色（中國文化）與藍色（海洋文化）兩種文化的交匯，進而產出一股現代化文明的動力。

---

54 臺灣閩南文化正在形成臺灣國民主義的新民族意識，值得關注。

另外，在中華民族的臺灣同胞大家庭大融合裡又加上了一些臺灣平埔族和高砂族等原住民的成份，此意義獨特。茲就經濟發展的角度探討有關臺灣閩南文化的一些特徵。

（一）、缺乏生存安全感所激發出來的經濟生命力。這正如當今美國的猶太人一樣，而且略勝過猶太人。猶太人散居世界各地，以旅居美國的猶太人最為典型，他們掌握了美國經濟命脈，尤其是金融業和科技業等。可是猶太人在本土國以色列生產力的表現並不甚理想，但在海外則虎虎生威展示出經濟的生命力。猶太人之所以能在海外有其傑出的表現，主要是民族文化與宗教的力量，尤其在海外缺乏安全感，必需加倍的努力以確保其生存的力量。閩南人在海外，其在經濟發展所顯示的傑出表現很像猶太人的成就，最具體例子是在東南亞的華僑，他們在僑居地的政治經濟影響力是有目共睹，令世人刮目相看。這些閩南人不管是漳州人或泉州人都一樣的大力匯款到自己的僑鄉，幫助了僑鄉經濟資金的累積。但是僑鄉的經濟發展不如想像中的那麼優越，這完全與猶太人一樣，猶太人幫助了以色列的經濟發展，但以色列猶太人僑鄉的經濟發展成就並非如此傑出。這種情形與臺灣的閩南人稍有些差異，臺灣的閩南人不但在海外有了卓越經濟發展表現，尤其在美國、加拿大等地的臺灣閩南人，其在僑居地有令人尊敬的成就，在臺灣本土僑鄉的貢獻也有特色。這種情況正如日本的僑民在僑居地的傑出表現，日本人也貢獻了戰後日本經濟發展的奇蹟。這或許是臺灣閩南文化與福建閩南文化的有些相異之處。這一方面，臺灣客家文化也有同樣的意義。

（二）、多元異種文化交匯所凝聚形成的經濟新活力。由

於歷史與地理的因素，臺灣閩南文化的形成若從垂直縱貫面的歷史看，臺灣歷經第十六、第十七世紀世界大航海時代葡萄牙、荷蘭、西班牙等的拉丁文化，明清兩代的中華漢唐文化，西歐北美等的基督新教文化，東瀛日本的武士道文化的交匯；又若從水平橫斷面的地理看，臺灣正處於東北亞、東南亞、北美、西歐等航空、航海的重要轉運站。復加之於經濟發展方針是：從國情的現實出現，向國際的理想接軌；從本土化的鄉土價值觀出發，向全球化的普世價值觀接軌。西方世界十三、十四世紀文藝復興、啓蒙運動、產業革命已帶動西方國家的現代化，這幾百年來已勝過東方世界；就以目前來說，東方中國的現代化雖不等於西化，但應傾向於西化，世界全球化的普世價值雖不等於西化，但似傾向於西化。

　　全球化與現代化的普世價值觀以一國經濟發展等文明作爲燈塔。自古以來，它是有變化的。譬如說，四千年前是以中東地區伊拉克的烏爾爲中心，三千五百年前是中東地區埃及的底比斯爲中心，三千前是以黎巴嫩的錫登爲中心，兩千五百年前還是以中東地區波斯的波斯城爲中心，兩千年前以南歐地區的羅馬爲中心，一千五百年前以東亞地區中國的長安爲中心，一千年前仍然是以中國的開封爲中心，五百年前則以南歐地區意大利佛羅倫斯爲中心，目前以美國的紐約、英國的倫敦、法國的巴黎、日本的東京，中國的香港等域市爲中心。[55]由此可見全球的重心因科技、因人文、因經濟、因社會、因政治等現代化文明發展程度不同而有變化。然而

---

55 紀思道（Nicholas Kristof），「從開封到紐約－輝煌如過眼煙雲」（China, the World Capital：From Kaifeng to New York），紐約時報，六月二十二日，二〇〇五年。暗示中國正在復興，將超越美國。

國際化的東西方文化交流與匯合點也是文明差異的重要因素。中國的長安與開封曾經是世界文化的典範和普世文明的代表；她們曾經是中國文化的重鎮，也是世界各種文化：希臘、羅馬、希伯來、阿拉伯、波斯、印度、埃及等文化與民族的融合焦點。臺灣的閩南文化正是有此特色。這種多元異族文化交匯所凝聚形成的經濟新活力，不只在戰後的臺灣閩南文化完全呈現出來，這在鴉片戰爭以後的上海所謂的十里洋場也有此具體的典範。

（三）、各種外來政權統治下塑造的文化投機性。臺灣閩南文化的民族性格缺乏穩定性，這誠如日本統治初期兒玉源太郎時代行政長官後籐新平所說的臺灣同胞的國民性富有畏威而不懷德之秉性。[56]自從明天啓三（西元一六二三）年以迄今日不到四百年，臺灣歷經六次不同政權的轉移。其中除了滿清政府統治二百一十二年的時期比較長以外，其他的政權在臺灣的統治時間均不算長久，臺灣同胞為了求生存所塑造的臺灣閩南文化頗富投機性，這多少受到當時主客觀政治、社會、經濟等環境而變化的。俗話所謂的民意如流水，隨風轉舵可塑造的國民性，這充分展示在臺灣的閩南文化裡，顯然富有「臺儒」特色的閩南文化。臺灣閩南文化亦是以儒家文化為主軸，這或許是「臺儒」與「閩儒」不同；不能與時俱進的「閩儒」是不利於經濟發展的。這仍需學術界進一步討論。

此外，臺灣的閩南人，主要是從漳泉廈閩南的三角地區移居臺灣的，基本上還是為了經濟生活。他們移民臺灣，先

---

56 日本統治臺灣初期總督府第四任總督兒玉源太郎的行政長官後藤新平於一八九八年提出治臺方案的理論基礎。

是「安家落戶」繼之「安土重遷」，以及引申出「安居樂業」、「安身立命」、「安份守己」、「安貧樂道」、「安享餘年」，甚至於「入土為安」。臺灣閩南文化或有「落葉歸根」的初步想法，但基本上已發展成為「落地生根」的遷就現實。「駿馬匆匆出異鄉，任憑他地立綱常，年深他境猶吾境，日久他鄉是故鄉」。[57]臺灣的閩南文化「落地生根」的特色是歷史發展的大形勢所造成的。在臺灣的閩南人為了「落地生根」，也為了適應各種外來政權統治的現實，因而不得不在無意中被塑造一種富有畏威而不懷德的國民投機性格，這個臺灣閩南文化基因似已定型而且蔚成一個新的閩南文化支流，代代相傳。具體的說，臺灣的閩南文化特質是務實的，功利的，利己的國民性格。

（四）、全球化本土主義中的臺儒經濟觀。臺灣閩南文化已從傳統的「安居樂業」、「安身立命」等發展成為「居安思危」、「不安於室」的經濟文化新思維。這主要是因為臺灣經濟已從農業社會轉形成為工業社會，復加上科技資訊等日新月異的新時代；市場經濟發展快速，新的價值觀在變動中逐漸形成「全球化」與「本土化」的調和，這就是所謂的全球化本土主義價值觀的建立。與時俱進的臺灣閩南文化逐漸從傳統的閩南儒家思想轉型為臺灣特色的儒家文化，它是功利主義的儒學。因為臺灣經濟的生命力強盛，已經脫離了傳統農業經濟安於現狀的舊思維方式，一般同胞衣食住行無慮之處，在求新、求進的國民新性格下，臺灣閩南人頗具有冒險性、創新性和挑戰性等的行為模式，用以順應全球化快速的新經濟環境。

---

57 黃氏祖訓。黃氏九十世峭公，宋宗祥符元進士，初任江夏太守，育二十一子。此乃黃峭公部分詩句以勉後代子孫。

臺灣閩南文化為主軸的「臺儒」與「閩儒」主要差異在於「與時俱進」與「本土化」的程度，這正如浙江、蘇南「吳儒」與湖廣、蘇北「楚儒」的差異相似。在儒學當中，其實泉州與漳州的閩南文化亦略有區別；前者傾向於功利主義的儒學，後者傾向於保守主義的儒學，這表現在經濟發展與市場經濟等的作為是有所不同的。

（五）、馬祖等民間信仰為盤石的經濟發展潛力。臺灣民間信仰相當豐富，而且是多樣性的。臺灣的廟宇、神壇等的密度非常高，其中以媽祖廟最為突出。宗教與文化是經濟發展的「另一隻看不見的手」，此有別於市場經濟和私有財產制度是「一隻看不見的手」。基督新教地區的北美、西歐等地的經濟發展表現勝過於天主教地區的東南歐和中南美洲；大乘佛教地區的東南中國經濟發展勝過於小乘佛教的中南半島地區等等。臺灣民間信仰是社會安定的力量；舉凡媽祖、關公、保生大帝、廣澤尊王、清水祖師、文昌君、齊天大帝、濟公活佛等等，應有盡有。經濟人崇拜諸神之後，然後放心的去發展其所屬的投資和貿易。臺灣的民間信仰當然有助於臺灣市場經濟的功能，特別國際經濟有關的海洋經濟。馬祖等民間信仰是臺灣社會安定的力量，她具有社會意義，更具經濟意義。觀看臺灣四百年來的移民史，臺灣閩南人「唐山過臺灣」，冒險患難，其基本目的是為了謀生而遠離家鄉。為了祈求神明的保祐因而對民間信仰特別虔誠。馬祖文化源自福建湄州灣，它是媽祖的聖地，馬祖是海神，所以遍及世界各地，所謂有海洋的地方，就有媽祖，但全球媽祖文化的最大本營卻在臺灣。所以說媽祖是臺灣經濟發展的守護神，袖對臺灣經濟發展的貢獻是被深深肯定的。

四、為閩南經濟學催生

　　閩南文化圈分佈範圍廣泛，其中以臺灣、福建以及東南亞僑社為最主要。由於三者所處的歷史、地理等環境迥異，彼此之間所展現的經濟活力和生命力自然有所不同。閩南文化圈與儒家文化圈息息相關，皆是中華文化大家庭裡的重要成員。三者均與海洋文化關係密切，因此是馬祖文化的重鎮。宋元以後福建的閩南文化偏向海洋的藍色文明，東南亞的閩南文化曾遭遇到佛教、印度教、基督教、伊斯蘭教等文化的嚴厲挑戰。儒家思想是一種倫理道德，它不是一種宗教信仰，因此其對於民眾的凝聚力比較薄弱，卻相對有利於經濟發展；所以東南亞的閩南儒家經濟圈的表現特別傑出，但僅止於中小企業，其在資本密集和技術密集的產業發展仍有些侷限。這在戰後二十世紀裡科技、資本的快速發展中相對的呈現弱勢。臺灣的閩南文化則表現的可圈可點，已從「開發中」經濟邁向「已開發」展經濟轉形，尤其毫無膽怯、遜色的向西歐、北美等基督新教國家展開經濟的挑戰和分工。其發展潛力空間仍大。

　　在福建的閩南文化與西方世界抵觸雖然較早，但是受到傳統文化根深蒂固的影響，閩南人（尤其是漳州人）安居樂業、安份守己和安貧樂道等的憨厚本質，缺乏「與時俱進」的經濟發展動力，閩南人適應舊環境的能力雖強，但創造新環境的能力則比較弱。另外，閩南雖與著名的僑鄉，湧進不少僑資，但是一向缺乏中央政府有效的經濟政策協助等等因素，致使閩南經濟發展並沒有預期的輝煌。總之，政府經濟（一隻看得見的手），市場經濟（一隻看不見的手）、文化經

濟（另一隻看不見的手）等三者是決定經濟發展的三隻手，其對閩南經濟的影響仍有待進一步檢討的必要；顯然此與臺灣閩南文化和東南亞閩南文化等有些不同。臺灣閩南人與福建閩南人在經濟發展上的表現有如日本人與猶太人之間的差異。此外，閩南文化當中的漳州與泉州的歷史地理不同，其所展現的經濟文化與經濟成績互異；漳州人的外來文化較少，其在市場經濟發展所表現的活力和生命力比不上泉州人的進取與務實。[58]閩南人在東南亞經濟的傑出成就已有目共睹，但其在世界其他地區（尤其是基督新教集中地區的西歐、北美）的表現則不明顯。

文化與文化之間或許有衝突，但文明是趨向於普世價值的。閩南文化的現代化與國際化至為重要；其間經濟的發展乃是一個關鍵。基本上臺灣閩南文化似乎比較有益於經濟發展，最主要原因乃其能與全球化普世價值觀逐漸相接軌。這是「閩南經濟學」（minnanomics）的重要課題了。若能從比較發展經濟學的角度去研究各閩南文化圈的意義，則甚有價值。此外，閩南學（minnanology）研究的體系化，也應重視。[59]

第五節　閩南學派與新「新儒家」

一、新「閩儒」

閩南學（minnanology）本可以成學，但尚未成學；閩南

---

58 同注 49。
59 魏萼，「光復初期的臺灣社會經濟」，《臺灣建省一百二十周年暨光復六十周年學術研討會》，福建省炎黃文化研究會等主辦，廈門，二〇〇五年九月一日至九月二日。

學派（minnanese school）本可以貢獻給社會國家，但尙未成型。閩南學應以中華文化爲本位，而與全球普世價值相接軌；閩南學派則應以新「新儒學」爲主軸。朱熹的新儒學（Neo-confucianism）有其時代性，但是新「新儒學」（New neo-confucianism）卻是與時俱進的。「入世」的臺灣閩南文化是「新閩儒」的典型，它是富有功利性儒學的特質，也與清朝乾隆嘉慶年間戴震、惠棟等的皖儒蘇儒相似，它具有經濟發展的潛在動力。

　　中華文化有「五族共和」「多元一體」的時代意義」，而閩南文化正是中華文化「一體多元」的具體表現。臺灣的閩南文化甚有特色，這是歷史、地理、人文等因素所形成的。臺灣的「新閩儒」（入世功利型的閩儒）是朱熹閩儒的臺灣本土化，亦可稱之爲「臺儒」。「臺儒」入世的本質乃是新「新儒學」的重要內涵。

二、閩南學

　　閩南文化圈的許多不同成員是閩南文化的「一體多元」化。閩南文化源自中原文化，它乃是中華文化的一支，但是其亦有分支；此亦是中原文化在閩南本土化「落地生根」的結果。這也已有一千多年的歷史。閩南地區原爲「南蠻」越人的故土，越人的族群眾多，號稱百越。因爲越人同中有異，是有後來的泉州、漳州、潮州等大同小異的閩南人。其實當今閩南語系的同胞約有十大族群，這包括漳、泉、廈等閩南三角州地區、潮汕地區、閩西龍巖地區、浙江溫州地區、廣東湛江流域地區、海南島地區等的許許多多縣治、東南亞等地的華僑以及臺灣（包括金門）等皆爲閩南文化圈主要成員

地，其人口應在六千萬左右；其中以臺灣閩南文化人口為最多，約在一千七百萬人以上。

中華民族「五族共和」是「多元一體」的時代意義。漢、滿、蒙、回、藏、苗、越、壯等八大族群人口數量佔了中華民族五十六族絕對大多數的人口。中華民族是各民族的綜合體，是乃「多元一體」的表現。上述各族群均有其個別地區文化的特色，例如藏文化、蒙文化、回文化以及漢文化、越文化等等。就以綜合體的大漢文化為例，亦有所謂的楚文化、秦文化、齊文化、魯文化、吳文化等等分支。何況文化與文化之間是可交互融合和融和，這是中華文化「合和」的本質；「一體多元」，「多元一體」等不斷融合與融和，進而不斷的創新。因此構成中華民族是富有生命力的民族，中華文化也因而生生不息。閩南文化圈即是其可見的一斑，自有其特色。

臺灣閩南文化是整體閩南文化的一支，它當然與中華文化息息相關；臺灣文化與臺灣閩南文化卻是一線之隔。臺灣文化曾被誤以為是臺灣獨立的理論基礎。臺灣閩南文化已締造了臺灣現代化文明的現實。戰後六十幾年來臺灣在推動市場經濟、民主政治、多元社會等的貢獻已被深深被世人肯定，但有些爭議。

臺灣閩南文化乃是臺灣學（Taiwanology）的基礎。臺灣學與閩南學（minnanology）之間的互動至為重要。除了形成閩南金三角的經濟特區具體成就之外，可進一步推動閩南文明特區，同時也期能完成「閩臺一家親」的和平特區，此舉世關注。

三、儒釋道

閩南文化所屬各次文化地區皆有其文化特色。文化並無所謂的優劣之分，但其對於文明普世價值的經濟發展是有所不同的。例如泉州的文化會或許對於工商業發展比較有利，而漳州的文化或許對於農礦業發展比較有利。在一九七八年中國改革開放以前的泉州經濟比不上漳州；反之在一九七八年中國改革開放以後的泉州經濟遠遠超過漳州，而且其差距將是越來越大。究其原因：泉州面向海洋的經濟發展模型顯然與擁抱大地的漳州經濟是有所區別的。臺灣閩南文化是環繞著海洋，其在經濟發展的表現當然與泉州、漳州，甚至於與潮汕地區等有所不同。

臺灣的閩南文化自有獨特。臺灣一島移民社會，歷經多次外族統治等因素，造成臺灣同胞缺乏安全感和富有投機、功利的區域民族性。媽祖民間信仰特別發達自有其道理。臺灣閩南文化儒釋道結構中則似偏向於大乘佛教性質，這與泉州閩南文化偏向道家相似而不相同。漳州的閩南文化則似偏向於儒教思想，而潮汕閩南文化則似偏向於小乘與大乘之間的釋教文化；這在經濟發展的表現上當然有所差異的。

四、臺灣佛

閩南學術文化的基本精神。中國經濟文化本體上可以分為稻米文化圈、小麥文化圈和畜牧文化圈等三大塊。閩南經濟文化圈為稻米文化圈的一個重要成員。這個稻米文化圈的人文特色是人們重視理性、務實與功利；這與小麥文化圈的人文特色人們強調義氣、忠厚與真誠的看法有些不同，這更

與富有義氣、霸氣又豪放且重感情的畜牧文化圈也有著明顯的差距。因此閩南文化圈人們的行為方式是比較「入世」的。這尤其以臺灣的閩南文化最具代表性。

臺灣的儒家思想不只與人文科學相結合，它更要與社會科學、管理科學、自然科學，甚至於與科學及技術相結合，所以說這是與「外王」「內聖」的結合。此外臺灣的佛教也有其獨特。譬如說臺灣佛光山佛教會、慈濟功德佛教會、法鼓山佛教會、中臺寺佛教會等四大佛教體系，雖然源自中國東南的大乘佛教傳承，但卻有臺灣本土生根的特質，其入世的成份相當濃厚，其發展潛力較之東南沿海各地的佛教基地亦有不同；有其獨特的生命力和發展的動力。這就臺灣閩南文化息息相關。具體的說這是「入世」的臺灣佛教。另外，臺灣的儒家思想亦是入世的儒家思想－新「新儒家」。

五、新新儒

南宋大儒朱熹整合了儒釋道等思想重新解釋儒學的精義是乃新儒學（Neo-Confucianism）的新紀元。朱熹新儒學在儒學學術史上的意義重大，具有劃時代的訊號；朱熹在中國文化思想上的貢獻是永垂歷史的。不過朱熹的新儒家思想被誤解了，它使之無法與時俱進，於是變成了時代經濟發展的障礙物。他的學術思想有功，但在實踐上難免也有過。朱熹曾任漳州刺史，也在漳州各地講學，他的學術思想影響閩南甚為深遠（尤其是漳州的學術發展史）。這也是建議重新檢討朱熹新儒家「閩學」的動機所在。新「新儒學」（新閩學）於是有進一步推展的學術空間。這個新的學術思想是一九九七年七月一日香港回歸祖國以後的學術觀念，也是臺灣閩南文

化的主軸思想之一。這個學術觀點與泉州學所謂「海上絲路」學術思想可以相接軌；這或許也可以做爲「閩南學」理論建構的核心思想。這個入世的儒家學術思想也可提供做爲「閩南學派」的參考。

第六節　從廈大看臺大的閩南文化

一、廈門大學是學術之重鎮

　　廈門大學於一九二一年創辦，迄今已是八十五年，廈門大學是中國的重點大學，也是中國南方的名校，這是眾所週知的。廈門大學不但是閩南的學術之重鎮，也是中國的國家之干城；廈門則爲閩南的中心點，一向爲海外華僑和臺灣同胞的重要口岸。它經常被視爲中國福建閩南文化的象徵地。臺灣的閩南文化與福建的閩南文化同根同源，同是中華文化大家庭中的重要成員。臺灣的閩南文化雖然是福建閩南文化的延伸，但自有其特色。廈門大學有福建閩南文化的影子；臺灣大學亦不例外，它自有臺灣閩南文化的象徵。臺灣大學是臺灣最高的學府，它與中央研究院有著密切的關係。臺灣大學的閩南文化走向可以看出臺灣過去現在以及未來臺灣政治、經濟、社會等等方面的定向。臺灣大學不但其學術地位傑出，況且也可以看出臺灣海峽兩岸的關係。若要談起海峽兩岸關係的新思維，不能不重視臺灣大學的閩南文化本質。

二、臺灣大學的文化變遷

　　臺灣大學始自一九二八年日本人的統治，是乃日本所屬

的「臺北帝國大學」；這是日本文化為主要的時期，這個時期
延至一九四五年十月二十五日臺灣的光復為止（第一時期）。
臺灣光復後的臺灣大學，尤其是國民政府遷臺初期的臺灣大
學深受北京大學西方主義的籠罩和影響。[60]這個時期一直到
一九八〇年代中葉，特別是蔣經國時代的結束（第二時期）。
一九九〇年代以後的臺灣大學乃是臺灣閩南文化的發展時期
（第三時期）。以上三個時期的臺灣大學文化雖有不同，而第
三個時期卻是一個長期的趨勢，也是臺灣閩南文化的代表。

　　第一個時期的臺灣大學文化。基本上是日本「武士道」
文化的影響時期。臺灣人的「皇民化」是日本統治時期的政
策主張。臺灣的閩南文化曾被日本人看穿了，被征服了。這
個時期的臺灣大學文化是典型的日本殖民地文化，對其主人
言聽計從。日本文化為主軸的「武士道」精神的特色是務實
的；在求眞、求實的原則下，日本的「武士道」精神其所表
現的政策主張既準又穩也狠。在當時「皇民化」的政策下，
臺灣人的閩南文化被強姦得很徹底。這表現在臺灣人配合、
支持日本本土的建設；配合、支持日本的對外侵略。其間，
一般來說臺灣人的怨言不多，甘心的被奴役。臺灣的閩南文
化「畏威而不懷德」的本性，只有在日本人「皇民化」政策
「恩威並重」既奸詐又懷柔的作風下才能臣服。[61]臺灣閩南
文化的本質富有投機性、冒險性、務實性、妥協性、堅忍性
和功利性的民族特質；具體的說臺灣人的閩南文化在表面上
可塑性很高，在實際上是富有「堅硬性」的，這與福建人的

---

60 不是自由主義，它是包括自由派等思想的西方主義。
61 一八九八年日人臺灣總督兒玉源太郎執政時期的行政長官。

閩南文化憨厚本質是有相當程度的差距。[62]這與臺灣人的移民歷史有關，尤其多長達五十年的日本人統治有關。

　　第二個時期的臺灣大學文化。這個時期最主要的是北京大學西方主義思想的影響最大。一般來說臺灣大學這個西方主義的文化是傅斯年校長等人的貢獻。一九四八年至一九五〇年間，正值國民政府的遷臺，北京大學與中央大學等許多德高望眾的名流學者移往臺灣大學任教；此時的臺灣大學頗有北京大學傳承的氣勢。[63]臺灣大學的個人主義學術風範一時蔚成風氣，於是臺灣大學的學術水準和學術形象大爲改善。這個階段的臺灣大學師生不但有國家憂患意識，而且也有中原意識。何況當時是蔣氏國民黨的統治時期，國家分裂主義意識淡薄。因此臺灣大學當時能秉承北京大學的薪火相傳，一時成爲美談。這個時期正好中國大陸比較封閉，北京大學表現相對得不甚亮麗，而臺灣大學卻是人才輩出，在海內海外等表現得相當耀眼。但後來這個階段的中原文化臺灣本土化趨勢漸趨明顯，取而代之的是臺灣閩南文化爲主軸的臺灣大學新文化。[64]

　　第三個時期的臺灣大學文化。隨中國大陸的開放與改革腳步愈走愈遠，愈走愈寬廣，中國大陸「馬列主義中國化」的步伐愈是正確，於是北京大學的活力再現。北京大學逐漸恢復北京大學過去的驕傲，今日的北京大學光彩再現，已經

62 魏萼，「臺灣的閩南文化與經濟」，第三屆閩南文化學術研究會，福建省炎黃文化研究會等主辦，漳州。二〇〇五年十一月二十八日至十二月一日。

63 當時北大的學者到臺大任教的人數很多，例如董作賓、毛子水、臺靜農、李濟、傅斯年等等人，當時已形成一個力量。

64 它影響力普及學術界、政界、工商界、文化界等等層面。已經形成臺灣政治、經濟、社會、文化等的主流力量。某些文化已轉化成爲臺灣獨立運動的理論基礎。

在國際上已另出鰲頭，這一方面廈門大學也是如此。北大永遠是北大，廈大永遠是廈大；中國永遠是中國。相同的，第三時期的臺灣大學文化逐漸突顯臺灣大學應有的特色；它是臺灣閩南文化的典型。臺灣閩南文化是福建閩南文化的延伸，也是閩南文化在臺灣海島本土化的結果。福建閩南文化是中原文化的一支，也是中華文化大家庭的一個成員，當然的臺灣閩南文化也是中原中華文化的一份子，但有其獨特。理由是歷史、地理和人文等因素所造成的。這時臺灣大學的文化雖然還是個人主義精神很重，學術風氣依然旺盛，但是深受東方日本和西方美國等文化的衝擊，復加上臺灣移民的歷史上屢次遭受到不同民族與政權的統治，在多種因素交互影響下形成一種臺灣獨特的閩南文化。於是此時期的臺灣大學文化已遠離北京大學的傳承，而且自成體系，影響了臺灣的政治、經濟、社會等發展的方向。[65]

三、臺灣閩南文化的形成

臺灣閩南文化的形成是由於以下幾個因素所促成的。

（一）、臺灣移民史的本質：福建的閩南地區山地、丘陵地多，耕地少，百姓謀生不易。閩南人向東南亞，向臺灣等地不斷移民。移民臺灣島的閩南人歷盡艱辛，基本是為了討生活；一般來說他們到達臺灣以後的心態是以「落地生根」者居多，以「落葉歸根」者為少。自從明朝天啓三（西元一六二三）年以至今日，閩南人為了謀取生活資源橫跨臺灣海峽，歷經生死的危險來到

65　臺灣大學已逐漸遠離北京大學的影子。臺灣大學已走出自己富有代表臺灣閩南文化的特色，並且帶領、發出臺灣同胞的心聲。

臺灣開拓新天地，持有一去不回的決心和壯志。爲了
保衛得來不易的新天地，他們當然要保護自己的鄉
土；並且日久他鄉是故鄉。閩南文化臺灣本土化是必
然的，此容易被混淆成爲臺灣文化。[66]這是臺灣獨立
的理論依據。

（二）、臺灣一葉孤島歷經荷蘭人、西班牙人、明鄭三代、清
朝政府、日本人和國民政府的統治；臺灣人爲了在不
同政權之下生存下來，因此人在屋簷下不得不低頭。
臺灣人也因此不得不面對現實，屈服於現實。所以臺
灣的閩南人比較勤勞、節儉、務實、投機、功利等；
臺灣人一切是爲了生命、生存與生活。如果說臺灣人
比較投機而取巧，容易見風而轉舵，這也是歷史所造
成的。前述臺灣人畏威而不懷德，這樣看法只對了一
半；臺灣人容易被殖民，這也可以說只對了一半。[67]
因爲在表面上臺灣的閩南人是很柔順的，其實在本質
上臺灣人的民族性格是軟中帶剛，頗有堅忍性和生命
力的。

（三）、臺灣環繞著海洋形成的文明。福建的閩南文化中的漳
州與泉州文化也是有區別的；何況臺灣的閩南文化。
不只如是，在東南亞的閩南文化也有特色，這是本土
化必然的現象。漳州是擁抱大地，泉州是面向大海，
臺灣則是環繞海洋。在歷史上、地理上、人文上等彼
此的背景，還是有差異的。漳州人傾向於農業的特

---

66 臺灣閩南文化與臺灣文化是有區別的。新加坡文化的模式值得認眞面
　對、澄清。
67 同注 62。

色，泉州人傾向於商業的特色，臺灣人則傾向於富有
農工商並重的特色；這是一個相對性的比較性的分
析，各有所長。雖然漳州、泉州、臺灣等均有相同的
閩南文化、海洋文化、農業文化的共同背景，但個別
的特色，所呈現於經濟發展和現代化文明的成果是有
些不同的。漳州人比較保守，泉州人比較務實，臺灣
人比較前進。何以致此？還是歷史、地理、人文等因
素所造成的。由於東西方文化的交流與融合的過程有
所不同，閩南文化圈內各地區的文明表現得有所不
同；文化沒有優劣的區別，但文明是普世價值，它的
具體事實是市場經濟、民主政治、人權、法治、科學
和宗教等等層面。各地區文化雖然不同，無所謂優
劣，但其在文明「普世價值」的表現是不同的。[68]文
化因各地區皆有不同的偏好，見仁見智，所以文化彼
此是有衝突的可能，但文明應該是一個現代化普世的
表徵。因此臺灣閩南文化是有其特色的。它在國際
化、全球化的表現上與其他地區有所差異。這可以從
臺灣的儒學（臺儒）與媽祖文化的特色看出一些端倪。
（四）、臺灣儒家文化與媽祖民間信仰。儒家思想若能「與時
　　　俱進」則對於經濟發展是有助益的，否則是負面的。
　　　在明治維新之後的日本儒家思想很埋性的接受西方
　　　思想，因此能產生經濟發展的動力，戰後的亞太「四
　　　小龍」亦復如此。儒家思想是臺灣閩南文化的重心，
　　　屬於功利主義型的儒學，此與日本明治維新以後的儒

68　這個看法與西方學者杭亭頓(Samuel P. Huntington)的看法不同。

家思想相似,卻是與福建的閩南儒家思想顯然有些不同。[69]另外,福建湄洲島的媽祖文化在臺灣也有獨特的發展,媽祖文化臺灣本土化與臺灣移民社會有著密切的相關性。臺灣媽祖文化是儒釋道的大結合,而且是以儒家爲主要。它是臺灣最主要的民間信仰,其宗教意味甚爲濃厚。媽祖文化是臺灣文化精神之所在。臺灣文化精神乃是臺灣價值觀的核心,它是居安思危,求眞務實,富有科學性的創新和勤勞、節儉等優勢,這些都是臺灣邁向現代化文明社會的本錢。[70]

四、閩南文化臺灣本土化的特質

誠如前述,臺灣的閩南文化有其歷史、地理和人文等的特色,它雖然與福建的閩南文化有些差距,但它卻是閩南文化的延伸;在本質上是屬於閩南文化的一支,更是中華文化、中原文化等中國主流文化的一支。這也是因爲歷史、地理、人文等特色,使臺灣閩南文化無法脫離中國文化的大洪流。另外,臺灣與中國大陸一樣是中國不可分隔的一部份,這我也贊同。事實上臺灣的閩南文化已構成整體閩南文化的主要文化,它在福建閩南生根、發芽,可是已在臺灣成長、茁壯。這與臺灣的媽祖文化一樣,在福建湄州灣發芽,成長,但卻是在臺灣成長、茁壯;臺灣的媽祖文化已成爲整體馬祖文化中的領導地位。另外,這種現象還有當今的基督新教大本營已在美國,並非基督新教發源地的西歐;天主教的大本營已

---

69 福建的閩南人、客家人的殖業精神可以拿猶太人來比喻,而臺灣的閩南人、客家人的殖業精神則可以拿日本人來比喻。
70 同注 62。

在中南拉丁美洲，並非天主教中心地的意大利；佛教的大本營是已在中國及日本，並非佛教誕生地的印度等明顯的例子。

　　臺灣的閩南文化以中原文化儒家思想為中心，但臺灣的儒家思想在特性上為：是將中國文化整合之、持續之、創新之；在本質上為：是將中國文化一以貫之，與時俱進、本土化[71]。因此臺灣的儒學，一方面能從縱貫面看是歷朝歷代各種文化思想的大融合，特別是儒釋道等思想垂直面文化的大融合；具體的意義是漢儒、宋儒、清儒等的一體化。另一方面從橫斷面看是東西方各種思想的大結合，特別是基督新教、天主教文化自由、民主、人權、法治、科學、宗教等思想水平面文化的大結合；具體的意義是西歐、北美等文化的現代化。從上述縱貫面、橫斷面的整合來說，以臺灣儒學為中心的臺灣閩南文化是有活力、有動力、有生命力的，它們是臺灣經濟發展，邁向臺灣現代化文明的助力。[72]這與福建的閩南文化的本質相同，但有內涵的差異。在本質上福建的閩南文化受到朱熹「閩儒」的影響甚大；「閩儒」在閩南（尤其是漳州）的農業社會裡是很順勢的。閩南漳泉兩地一向文風鼎盛，就以漳州為例，書院肇於唐代，興於宋代，盛於明清兩代。漳州明清兩代書院有七十餘處，為八閩之首，科舉得進士者乃居全省之冠，在全國也甚罕見。漳泉（尤其是漳州）地區士大大風氣盛，難免產生腐儒，阻礙經濟的發展。[73]泉州因長期面向大海，功利性的儒學比較容易在此發展，這

---

71 魏萼，《中國國富論》（經濟中國的第三隻手），時報出版社，臺北，二〇〇〇年，第一章。
72 同前注。
73 郭上人，「明清時期的漳州書院」，《閩南文化交流》，（彰州師範學院閩臺文化研究所編），漳州，二〇〇五年六月，第一〇六頁至一一二頁。

種「入世」非「出世」的儒學在臺灣更爲現實。[74]臺灣的閩
南文化有利於市場經濟資本主義的社會，而且正在形成一種
與西方「契約式」資本主義不同的「倫理式」資本主義，此
過程漫長而艱鉅，代價亦高，但此方向正確。南宋新儒家朱
熹等人對於中國學術思想是有貢獻的，因爲其再整合魏晉南
北朝以來中國學術思想的分歧，並且融合了儒釋道思想於主
流，使南宋以後的中國學術思想有了重新的定位和定向。然
而新儒學需要與時俱進的；因而有所謂清儒的產生。朱熹新
儒學乃是理學，此容易成爲封建思想的護身符，助長了官僚
主義的歪風，特別是培養了「僞君子」的儒生和特權的官僚，
此成爲中國現代化邁向自由、民主、人權、法治等的阻力。
南宋朱熹的理學戰勝了陳亮的實學，這是歷史環境所使然
的。乾隆嘉慶時代的清儒，也是另一個時代的產物。晚清張
之洞的「中學爲體、西學爲用」也是另一波浪的學術思想。
義和團之後的民國和「五四運動」新文化皆爲歷史發展的必
然。

五、臺灣新「新儒學」

一九一九年「五四運動」反孔急先鋒吳虞大力響應「打
倒孔家店」的看法，這是晚清義和團歷史背景的具體反射。
孔儒思想是中國文化的主軸，至聖先師孔子的思想將永垂不
朽，但歷經二千五百多年的儒學難免產生異化、腐朽的現象，
此已曲解了儒學的基本精神，形成了廚餘、垃圾儒學或庸俗
儒學，這已被政客或假儒者所利用，當然對於社會經濟發展

---

74 同前注。

和國家現代化有障礙的。所以說「打倒孔家店」是有其時代性的意義。但是在實質意義上如何回歸儒家思想的基本精神，才是智慧。此處堅持的主張應該是「打醒孔家店」，並不是「打倒孔家店」。[75]特別強調儒學「內聖外王」的本質，它是富有實用性的，並非僅使用在官僚統治系統或者文人「無病呻吟」的狹隘層面上。南宋朱熹的新儒學（Neo-Confucianism）有其時代性，其理學的價值也應當被肯定的，但其崇高的理想容易被官僚、文人所誤用。儒學容易助長文人官僚等成為偽君子的歪風，尤其所謂的愛國主義經常成為社會上惡棍的遮羞布。

　　一九七八年實施改革開放以後的中國大陸「現代儒家」和香港「新儒家」、臺灣「新儒家」等思想支流勢將融合「入世」、「功利型」的新「新儒家」。[76]「五四運動」主要人士胡適在一九一七年美國哥倫比亞大學博士論文早已發現此一問題的關鍵性。[77]日本十九世紀的儒學是與時俱進的，因此能在儒學發展過程中得到好處，減少其害處。舉凡日本在奈良時期（十二世紀至十四世紀）、鎌倉時期（十四世紀至十六世紀）或江戶時期（十六世紀至十七世紀）等都能夠就佛、道、儒等在不同時代背景下很清楚各有所取捨。明治維新以後更能夠很理性的吸收西方外來思想並融合之，這一方面日本成功了，已逐漸成為當今東亞文明的楷模。臺灣的閩南文化也有日本文化精神的影子。具體的說，此與中國大陸的文化同

75　陳獨秀、胡適等於一九一九年五月四日所領導「五四運動」的思想主軸之一就是「打倒孔家店」。
76　魏萼，「新新儒學的釋疑」，《新儒、新新儒》，文史哲出版社，臺北，二〇〇三年，第三十五頁至四十四頁。
77　胡適先生於一九一七年在美國哥倫比亞大學哲學博士論文。胡適的思想深受杜威教授「實證論」的影響。

源，但是似有著明顯的區隔。其實在中國大陸各地區的文化也有地區性的差異；臺灣閩南文化自然不能例外。

第七節　建設一個富有中國特色的閩南文明

一、富有中國特色的民主之路

　　一國經濟發展到相當程度之後，一定要發展其民主政治；這是一個普世文明發展的規律，中國也將不例外。臺灣在邁向現代化過程中也是先發展其經濟，爾後發展其民主政治。然而臺灣實施西方民主政治的方式，不適合於中國。既然民主政治的發展在中國是個必然的趨勢，則必須正確面對；這當然是中國之希望，也是中國人的前途。

　　中國邁向民主之路，閩南先行。如何建設閩南（金三角）成為一個富有中國特色民主政治的模範特區，其意義重大。

　　第三屆閩南文化研討會已於二〇〇五年十一月底在福建漳州召開了。會議是很成功的。類似的閩南文化研討會也曾在福建的廈門、泉州召開過。藉著此次的會議，國人有機會再看到閩南金三角（漳、泉、廈）地區的繁榮和進步，大家內心無比的喜悅與敬佩。

　　的確自從一九七八年改革開放以來，閩南地區的經濟有了翻天覆地的變化，這不能不感激百年來中國巨變中的偉人鄧小平先生「一言興邦」的貢獻。若沒有他的遠見，那會有今天閩南經濟的奇蹟呢？閩南的經濟發展與閩南的文化息息相關。閩南經濟、文化等的發展之後，這必須重新檢討和面

對閩南地區的民主政治發展，特別是要建設閩南金三角成為一個社會主義民主政治的模範特區。這正是一個富有中國特色民主政治的實驗，也將是一個典範。

漳、泉、廈閩南金三角地區與臺灣的文化與經濟等關係密切，這毋庸再贅述。臺灣與大陸同屬中國的一部份，而是實施不同的政治、經濟與社會制度。臺灣邁向現代化過程中那些正面或負面的經驗均可做為中國大陸的參考。對於中國大陸來說，過去許多學者專家均暢談臺灣的經濟發展經驗，鮮有人提及臺灣的政治發展經驗，特別是臺灣民主政治發展的經驗；其有正面的價值，也有反面的教材。

臺灣邁向現代化過程中先發展經濟；經濟發展到一定水準之後，政治發展必然隨之。臺灣民主政治發展過程中方向雖然正確，但其也有許多亂象，值得警惕；換言之，臺灣民主政治的方向正確，其方式有待斟酌。所以在此強調建設一個富有中國特色民主政治的重要性。

二、中國民主政治的模式

民本是中國政治思想，它含蓋的意義有兩層，先是「為民做主」，後為「以民為主」（民本）。在一個經濟落後，民智未開、民品低劣的社會確是無法實施民主政治的，但一個經濟發展到某一階段後，因為民智已開、民品已善，此時非實施民主政治不可。台灣的經驗正是如此。中國大陸經濟發展到相當水準之後，也必需「與時俱進」實施一個富有中國特色的民主政治。這個嚴肅問題一定要認真面對，不能逃避。問題是富有中國特色的民主政治是什麼？它如何與西方的民主政治接軌、脫軌。換言之，中國走向民主政治是遲早的事；

它的方向甚爲明確，但方式有待研討。

　　中國民主政治的發展是順應國內外發展中的時代潮流，這與中國傳統政治思想也相符合。二○○五年十一月中共發表了「民主白皮書」強調了富有中國國情民主制度的意義，這個看法甚是正確。然而中國特色的民主政治是什麼？臺灣模式，香港模式（含澳門模式）、新嘉坡模式、日本模式、韓國模式等等均有其利弊得失，可以檢討、參酌。可是中國地域廣闊，況且各地經濟發展狀況不同、文化水平互異，絕對無法全面實施民主政治，這必須先找到一個比較恰當的民主政治試點（或實驗區）。筆者認爲閩南金三角的漳州、泉州和廈門是個率先實施一個富有中國特色民主政治的好地方。如何建設閩南金三角成爲一個富有中國特色民主政治的模範特區，甚爲重要。閩南金三角與臺灣關係密切；臺灣實施了近似西方民主政治之後，形成臺灣政治的亂象，值得警惕。閩南金三角應依中國的國情擬訂並實施此優良的民主政治模式，然後逐步推廣到整個中國大陸。

三、閩南文明特區的形成

　　閩南文化圈是指講閩南語言等有關的文化地區，這包括福建的閩南金三角、臺灣的大多數縣市、廣東的潮汕、湛江等地區、海南的許多縣治以及廣大東南亞的僑社等等地方的同胞，其所包含的人口應已超過六千萬人。這些地區的文化源頭活水當然是中華文化爲主流的中原文化，經過大約一千七百年的中原文化南遷，落實在上述的文化地區，尤其是以漳泉廈等乃是閩南「母文化」的中心點。

　　閩南文化所屬的地區由於地理與文化等的優越性，其在

經濟發展傑出的表現，已自然形成「閩南經濟圈」的模型，這已在這些地區內外加速推動了經濟發展。特別是一九八〇年代以後閩南金三角的經濟特區，促進了閩、臺、港、澳以及東南亞僑社的經濟成長，這已令世人刮目相看。「閩南文化圈」推動了「閩南經濟圈」，而「閩南經濟圈」又發展「閩南文化圈」，這是一種「閩南文明」的良性循環。「閩南文明」不僅是指閩南人經濟「生活水準」得提高，還要求閩南人文化「生活品質」的提昇。生為閩南人的筆者當然關心閩南人的文明與福祉。因此，在二十年前的一九九〇年代曾大力提倡「閩南經濟特區」的觀念；在十幾年前的一九八〇年代則呼籲促成「閩南文化特區」的形成。今日的「閩南經濟特區」、「閩南文化特區」等的規模多少於焉形成，可喜可賀。但在這個二十一世紀裡，尚待進一步推動的自然是「閩南政治特區」了。如此可以使「閩南文明特區」臻於完整，以邁向全球的普世價值。在此願意強調的是：臺灣閩南文明發展的經驗與過程雖然有許多缺失，但其發展的方向是正確的。

第四章　中國經濟的迷惘與出路

　　中國永遠是中國，歷史上的中國，不知歷經多少次的狂風與暴雨，但風止雨停之後，這個古老文化的中國仍然屹立不搖於這個世界－她總是揚眉吐氣地陶醉於這個美麗的中華大地。

　　一九七八年鄧小平及時主張改革開放，提出了恢復中華文化與文明，同時也接受西方的文化及其現代化的經驗。二十幾年來，中國經濟突飛猛進，她已經呈現出嶄新而亮麗的面貌，以迎接這個日新月異的世界新思潮。

　　中國人終於站起來了。有識之士也期待中國人從此能夠有尊嚴、頂天立地的站起來，同時能夠站得穩、站得久遠。此這不能不敬佩鄧小平先生的卓越領導及其對中國現代化的貢獻。因為鄧小平先生的撥亂反正，高瞻遠矚的把中國現代化發展的方向給予重新正確的定位。

　　中國這部官僚政治歷史是一部官僚的貪污史，也是一部政客的權力鬥爭史。就官僚貪污而言，令人咬牙切齒；但是因為政客權力鬥爭所造成的錯誤經濟政策，比官僚貪污更為可怕。

　　目前中國經濟政策改革的方向正確，在二十一世紀裡，中國政治改革勢在必行，但「富有李登輝特色」的台灣民主政治發展模式不足取。另外，「富有李光耀特色」的新加坡儒

家思想是否可行，有待進一步的實踐與檢驗。

　　李登輝的「兩國論」必將成爲歷史的灰燼。「一國兩制」、或「一國一制」的魯迅「拿來主義」，必將成爲中國經濟發展的新主流。

　　兩岸若不統合，中國則將分裂！因爲中國還有新疆、蒙古、西藏等的隱憂呢！

　　中國的「第三條路」經濟發展模式，在本質上其發展過程與西方是截然不同的。文化與宗教是經濟發展的「第三隻手」，這是經濟中國的特色。

　　國民黨雖沒有新與舊的分別，但卻有眞與假的不同；中國共產黨亦復如此：讓眞國民黨的孫中山經濟思想與眞共產黨的鄧小平經濟理論結合起來，共同重新來建設這個古老的文化中國；使中國人在二十一世紀裡，眞正能夠頂天立地而且有尊嚴的站起來。

第一節　中國經濟發展的臺灣經驗

一、只求「精」、不求「通」的台灣經濟學術 ── 中國經濟發展的模式是什麼？

　　五十幾年來台灣經濟亮麗發展，一些民間經濟學家是有具體貢獻的；台灣經濟發展也培養了許多傑出經濟學家。如今台灣經濟學術界人才濟濟，他們對於台灣經濟學術的功勞將永垂青史。可是台灣經濟學術界的研究方向偶有偏頗，因爲他們傾向於求「精」，但似乎沒有太注意求「通」。「精」是經濟知識的表現，「通」是經濟智慧的結晶。台灣的經濟學術

界甚或有朝一日可以得到經濟學的諾貝爾獎，但甚擔心這樣
發展下去是否對國家經濟建設有所進一步的貢獻，尤其是變
化中日益複雜的國際與兩岸經濟問題。因爲經濟決策者不但
要求經濟學術的精，也要求經濟學術的通。通乃是通古今之
變，究天人之際，然後才能成一家之言，以提出一個合情合
理的經濟決策方向，來解決國家的各種經濟問題。台灣的經
濟學家一再強調：經濟問題要用經濟方法來解決。這個看法，
不一定正確。因爲經濟問題與政治、社會、文化等等問題是
分不開的。十八、九世紀以來，西方經濟學大師如亞當‧斯
密、卡爾‧馬克思‧約翰‧凱因斯等人的巨著均不是單純的
經濟問題，他們也涉及政治、文化、社會等等有關的層面。

　　台灣爲一小型海島式的政治經濟發展模式，外來文化影
響力大；其缺乏一個文化思想上的定位力量，何況三百八十
多年歷史以來歷經不同政權的統治，他們缺乏一個文化的著
力點。因此台灣經濟發展方向只著眼於經濟方法，缺少經濟
思想性。五十幾年來經濟學教育偏重於技術層面上考究，缺
乏通盤性的經濟文化思想。就以台灣大學、清華大學、政治
大學等經濟學術較爲領先的名校，均缺乏比較中西經濟思想
的基礎教育，這是一樁甚爲危險的事，這種現象也可爲中國
大陸經濟學術界的借鏡。

　　台灣經濟發展過程中逐漸實施民主；民主政治發展過程
中又促進了台灣經濟現代化。台灣經濟先本土化，然後政治
本土化；於是有台灣獨立的呼聲。但是從歷史發展的角度觀
之，只要有強大的中國，那會有分離的台灣呢？換言之，中
國不富強，台灣必分離。而且中國富強的基礎在於走出中國
正確的現代化政治、經濟道路。其中中國經濟藏富於民、民

富國強是中國傳統經濟思想的主流文化。因此一九七八年以
後鄧小平的中國經濟發展方向已奠定了二十一世紀中國經濟
震撼世界的基礎，但是新的扶貧工作日益棘手[1]。

　　中國經濟發展之後，也必須發展民主，這是一條必然的
道路。但是中國民主的道路絕對不是西方式的民主政治模
式。過去台灣政治發展過程中所產生的政治金錢化和社會暴
力化可作爲殷鑑。台灣民主政治發展方向固然正確，可是「李
登輝式的民主」令人難以信服，特別是台灣省長選舉之後又
實施凍省的經驗以及鄉鎮長等取消民選，便是違反民主政治
發展邏輯的作法。

二、「李登輝式的民主」、「李光耀式的儒學」？

　　中國一定要民主，這是二十一世紀裡的一大課題。但中
國文化與民族性畢竟有異於西方，西方的政治發展經驗只能
以「拿來主義」的方式來選用，而不是「送來主義」的方式
來移植[2]注2。若一味崇洋媚外，硬要把西方民主政治模式搬到
中國來，中國必將崩潰無疑，這也將造成中國人巨大的災害。
以民主政治再造中國的走向是正確的，而批判西方民主發展
模式則必需堅持。中國的知識分子一定要凝聚智慧去研究中
國民主政治發展的方向，並且尋求出一條富有中國特色的民
主政治；此刻不容緩。

　　美國、西歐等經濟已開發國家對付中國的政策，已從聯
合世界各國拉攏台灣以分離中國的模式改變爲拉攏台灣改變

1　新扶貧工作是指如何提高生活的品質，因精神面的扶貧工作比物質面
　的扶貧工作更爲困難，這是二十一世紀中國經濟的重大工程。
2　魯迅，〈拿來主義〉，《中華日報》（動向），北京，一九三四年六月七日，
　該篇論文以霍沖爲筆名發表的。

中國的模式。她們正在用西方的政治民主、人權觀念和宗教自由等方式來影響中國。她們認爲如此才可以符合美國等西方國家的利益，這包括中國的亂局也是對她們有利的。中國爲了走向中國特色的民主政治，在媒體的開放、人權的透明化、宗教信仰的自由等恐怕也要重新做個檢討與因應。特別要聽聽反對者的聲音。以中國古老文化與歷史，屹立於亞洲五千年，在找尋「亞洲價值」觀的二十一世紀裡，中國人何以能缺席呢？

　　「社會正義」的重要性，這在二十一世紀裡將再被重視。社會正義與市場經濟兼顧是中國經濟文化的特色；市場經濟力求經濟的「富」，而社會正義力求經濟的「均」。中國經濟要脫離貧窮，致富是一個堅定不移目標，可是失去社會正義的富裕，必招致全民的唾棄。經濟發展以後的社會正義包括社會安全制度、老年人福利保障等建立甚爲重要。但中國社會的家庭觀念比較重，家庭中各成員的相互協助可補充社會安全制度等的某些功能，但不能取代其基本的意義。此外，人口品質的提昇，文盲的消除，並且培養國人知識水平等皆爲重要的方向。一九九八年經濟學諾貝爾獎得主印度經濟學家阿瑪塔亞·沈恩（Amartya Sen）正是這一方面的倡導者，但他對印度與中國大學生爲六比一，而且認爲印度高等知識分子比中國多，言下對於印度經濟發展前途並沒有如此悲觀，這個看法非常危險，因爲低估了印度經濟與人口問題對世界的嚴重性[3]。中國傳統儒家文化正視社會正義的重要性，

3　有關一九九八年經濟學諾貝爾獎得主沈恩(Amartya Sen)的談話，請參閱《中國時報》，臺北，一九九九年十二月二十六日（第三版），江靜玲小姐專訪。

所以階級的觀念比較淡薄，這與印度文化婆羅門教、印度教在先天上就有階級性是有本質上的不同，這也是印度現代化另一潛在性危機。

中國傳統文化中的理學，在基本定義上容易被權威者所誤導。所謂有理者走遍天下，無理者寸步難行。這理性的依據是什麼？缺乏一個客觀的標準，所以會產生以理逼人，以理害人的悲慘結局。二十世紀裡，新加坡的儒學就是新加坡強人李光耀觀念的儒學，此是依據李光耀所認知的儒學為範本，然後，以中華文化來解說，也邀請了國際上知名學者如余英時、吳德耀、許倬雲教授等人來背書，這也已樹立了亞洲價值觀的某些典範。李光耀認同中國儒家文化的用心令人折服，李光耀企圖使新加坡成為亞洲現代化的典範，他多少做到了，也贏得新加坡人以及世人的肯定。在台灣的李登輝呢？他以民主自由做為政治號召，其實他所走的民主自由政治發展模式，都是以他個人的政治利益為導向，而以民主自由做為藉口，這可從他所主導的台灣省長選舉和凍省，以及企圖廢除國民大會代表、省議會議員、鄉鎮長、鄉鎮代表會等的選舉得到明證。此李登輝式的民主政治發展模式，他也得到某些御用學者如一九九九年曾主張國民大會代表延任「修憲」案的背書，這是臺灣知識分子的悲哀。哈佛大學杭廷頓教授對李光耀和李登輝亦有不同評價[4]。然而李登輝式的民主政治模式是無法經得起考驗的。因為既不能被西方認同，也不能被東方社會所接受；一九九〇年代以後台灣政治不安定，他要負起責任的。

---

4 李登輝，《台灣的主張》，遠流出版社，臺北，一九九九年，第二八九頁。

三、經濟的「中庸路線」，不是「中間路線」

激情之後應回歸理性。應從錯誤與嘗試過程中找到適合於這個新時代的現代化政治經濟發展模式。二十世紀裡已證明了西方的沒落，這包括馬列教條式共產主義的崩潰以及西方傳統資本主義的衰退。經過實踐與檢驗的結果已證明「第三條路哲學」的經濟發展模式是比較符合於二十一世紀世界的需要。但東方的「第三條路哲學」模式與西方亦有些不同；這是因為東西方文化的不同而有差異的。比方說，東方的社會比較重視家庭倫理觀念，這都顯示在於政治與經濟制度上均有特色。「第三條路哲學」的政經發展模式，英國政治經濟學院紀登斯（Anthony Giddens）教授頗有研究心得。他肯定亞洲價值觀的重要性。其實這些都離不開孫中山先生的思想。換言之，這是一個經濟的中庸路線，而不是中間路線[5]。

若進一步仔細研究，所謂的「第三條路哲學」政治經濟發展模式與孫中山先生思想相比較，則也具本質上的差異。西方「第三條路哲學」模式是經過左右搖擺（或稱為鐘擺理論）之後只好走出這一條哲學的現代化中間道路。孫中山先生哲學思想是典型的東方思想，它是在既有的中國文化基礎上整合、持續、創新的結果：中庸道路。在二十世紀裡，西方共產主義國家集團的崩潰，而中國共產主義可以倖免，這正是中國文化有其獨特的生命力和包容力。在二十世紀裡，

---

5 有關紀登斯(Anthony Giddens)「第三條路」，請參閱楊世雄，《社會主義人性論之省思》，《哲學雜誌》（第二期，季刊），業強出版社，臺北，一九九一年，第四十四—五十七頁。也請參閱紀登斯(Anthony Giddens)著，鄭武國譯，《第三條路》(The Third Way: The Renewal of Social Democracy)，聯經出版事業公司，臺北，一九九九年。

西方資本主義國家集團的修正，走上社會福利國家的模式，這是因為西方哲學先天性缺乏社會正義所造成的。中國文化的本質一向重視社會正義和家庭倫理道德，這是西方「第三條路哲學」的政治經濟發展模式所無法取代的。

在二十一世紀裡，中國現代化發展的方向是哲學式的科學，這與西方傾向於科學性的哲學，在本質上雖有不同，但其結局頗為類似。中國的現代化不能等於西化，但傾向於西化。中國經濟制度與西方現代化經濟制度不能相同，但不能相違。西方經濟政策與制度均可「拿來」做為參考、取用。這是必然、也是必要的。畢竟西方經濟現實與經濟學發展早已取得優勢，這是一個事實。

中國的經濟當可脫貧、致富，不過在相對的基礎上，仍然無法與西方國家相比，特別是美國的經濟。在二十一世紀裡，中國經濟的國民總生產似仍不可能趕上美國；即使中國經濟趕上了美國，惟因中國人口仍將約為美國人口的五倍，其平均國民所得仍不能與美國相比。換言之，二十一世紀，這個世界，仍然是美國經濟的世紀。美國人口耳相傳的「中國威脅論」呢？有意義嗎？這是有用心的。

另外，中國人的民族性，個人主義特別強烈，這或許是因為中國儒家思想比較重視家庭倫理而忽略社會倫理的重要性，所以中國人比較好鬥，猶如鬥雞的文化；這與猶如鴨子合群的日本文化明顯有些不同。準此，中國人應好好向日本人學習。

中國人還有一個毛病，是共患難容易，共享安樂難。一旦中國經濟發展到某些程度之後，中國人分配政治經濟資源上的紛爭必然加大，特別在政治權力的資源爭奪上，恐怕這

還會有些悲情的演出。這些代價終將抵消中國現代化的成果。中國民族性是不容易守法，所以嚴峻的法令規章恐怕相對的重要。中國人的民族性重視權力與名望，因為有了它就可能有錢財。在二十一世紀裡，一定會出現一些有財富的中國人，因此他們也會有權力與名望的追逐。金錢、名望、權力等三者一體。我們實在很擔心中國歷史上權力鬥爭還會在中國不斷重演。過去台灣民主政治選舉的經驗若在中國大陸實踐，此將再度帶給中國人另一階段的災害。

　　文化是經濟發展的「另一隻看不見的手」(第三隻手的經濟)，《中國國富論》也強調「這隻看不見的手」在中國的重要性。這個文化與宗教的力量將促使中國經濟成長。儒家文化經濟圈在亞洲將再度凸顯其經濟發展的價值性，這是亞洲的其他地區文化經濟圈所無法相比較的。可是印度教文化經濟圈、伊斯蘭教文化經濟圈、佛教文化經濟圈、儒教文化經濟圈等重要的亞洲文化經濟圈將與二十一世紀的亞洲文明思想相關。然而儒家文化經濟圈勢將一枝獨秀，屹立不搖於世界。其中日本文化與中華文化也將構成儒家文化經濟圈的二大支柱，彼此也有發生文化衝突的可能性。

　　中國由五十六個民族共同構成，由於老、少、邊、窮等中國貧窮地區的先天性文化條件，在經濟發展上的市場經濟動力不如中國中原文化地區；因此扶貧工作中的東西合作日趨重要。此外，香港與澳門已於一九九七、一九九九年分別回歸中國，而中國歷史所謂的逐鹿中原而非建立新中原的台灣與大陸關係似可出現曙光[6]。只要有強大而且文明的中國，

---

6 李登輝，《經營大台灣》，遠流出版社，臺北，一九九九年，第一一五頁。另同注4，第二四一頁有關「七塊論」的看法。

那會有分裂的台灣呢？其理甚明，毋庸再贅[7]。而中國富強文明的關鍵基礎在於中國現代化路向的是否正確。這裡不得不再度重申魯迅「拿來主義」經濟發展模式的時代意義[8]。

第二節　中國經濟發展的文化定位

一、邁向文化的中國 ── 不做西方外來文化的殖民地

我們也要強調：中國永遠是中國，歷史上的中國，不知歷經多少次的狂風與暴雨，但風止雨停之後，這個古老文化的中國仍然屹立不搖於這個世界－她總是揚眉吐氣地陶醉於這個美麗的中華大地。

鴉片戰爭後，這個本是驕傲的文化中國已變成了弱不經風的「東亞病夫」，民族自信心喪盡無遺。此後古老的中國文化已不再被人所歌頌，反而似乎已變成了中國現代化的包袱；在反傳統、反封建的聲浪當中，儒家思想曾經被否定，復加之當時超級強烈非理性民族主義的「黑暗時期」，反對帝國主義的侵略，於是浪潮洶湧；在所謂反封建，反帝國主義的雙重夾擊下，反西方主流思想的西方思想－馬列主義自然而然被推舉出來成為中國革命的盾牌，它一時成為時髦的產

---

7 二〇〇〇年三月十八日的台灣總統大選期間已赤裸裸的表露出許多有如真小人李敖與偽君子李遠哲類別的人物。請見三月十一日中國時報。台灣需要真小人不要偽君子。三月十一日下午二時李敖先生在總統候選人電視政見發表會也重新提出中央研究院院長李遠哲先生是偽善。詳請參閱二〇〇〇年三月十二日中國時報（第二版）及聯合報（第二版）。李敖先生的許多言論對台灣是有正面意義的。

8 同注 2。

物，它是當時知識份子擁抱的寵兒。毛澤東革命成功，中華人民共和國的成立，全依靠著這面一時被認爲是頂天立地的大紅旗。但是馬列主義畢竟是外來非主流思想，其怎能被五千年古老文明的中國所長期奉爲神聖呢？幸好一九七八年鄧小平即時主張改革開放，提出了恢復中華文化與文明，同時也接受西方的文化及其現代化的經驗。二十幾年來，中國經濟突飛猛進，她已經呈現出嶄新而亮麗的面貌，以迎接這個日新月異的世界新思潮。

一九三○年代的中國，內憂外患、民不聊生。有良心的知識份子無不挺身而起，試圖爲國獻身。當時社會正義缺乏，許多知識份子紛紛響應著馬列主義的浪潮，於是風起雲湧的馬列主義信徒挺身於革命的行列，推翻了國民黨政權。一九四九年十月一日中華人民共和國終於誕生了，毛澤東曾大聲疾呼中國人終於站起來了。有識之士也期待中國人從此能夠有尊嚴、頂天立地的站起來，同時能夠站得穩、站得久遠。此這不能不敬佩鄧小平先生於一九七八年以後的卓越領導及其對中國現代化的貢獻。因爲鄧小平先生的撥亂反正，高瞻遠矚的把中國現代化發展的方向給予重新正確的定位。

二、新「新儒家」的時代 ── 不做中國古代思想的奴隸

鄧小平先生是孫中山先生的信徒。孫中山的思想以中國文化爲主軸，並且吸收西方文明及其現代化的經驗，綜合之成爲救中國和促使中國富強的政策方案。此在台灣的領導人蔣介石、蔣經國父子曾經力圖把孫中山的三民主義、建國方略、建國大綱等付之實施，這也曾經促使台灣經濟發展成爲

戰後全球開發中國家、地區的典範。台灣經濟發展也吸收了
西方市場經濟文化的精華，於是「藏富於民」（以財產私有制
為主要）的中國經濟思想也在台灣實踐了。很自然，這個新
「新儒家」思想的台灣經濟發展經驗也多少提供給中國大陸
的參考。中國新「新儒家」思想不做中國古代思想的奴隸，
也不做外來西方文化的殖民地，期能獨立自主的不斷消化西
方思想，深化中國思想，並且為中國現代化做出具體的貢獻。
中國現代化的具體內涵是：以民主政治再造中國，以市場經
濟重建大陸，以中華文化振興中華。

　　中國人因經濟發展之後，緊隨著的是要政治改革。台灣
現代化的經驗雖然不完美，但其發展方向正確。中國大陸也
必然會循此中國文化的規律運行，以從事於國家現代化的建
設。鄧小平於一九八八年決定在天安門廣場上不再懸掛馬、
恩、列、史等的畫像，而僅以孫中山和毛澤東取代之，這是
明智的做法。但從長期看中國共產主義的社會應是邁向孔子
禮運大同的世界，而不是馬列「教條式」的共產主義，然而
馬克斯的人道主義等思維方式應予正視。

　　中國的政治改革不能移植自西方，它是從「為民做主」
逐漸培養至「以民為主」，這是富有中國特色的民主政治，此
與富有中國特色的市場經濟方向相同，理論相似。而中國共
產主義將逐步自我調整朝向儒家思想「禮運、大同」途徑上
去。這是富有中國特色社會主義的理想境界。

　　在台灣，我有幸曾經追隨蔣經國所領導的中華民國政府
和中國國民黨多年，也有機會側知鄧小平、楊尚昆、江澤民、
胡錦濤等中國共產黨領導人對中國前途的看法。蔣經國、鄧
小平、楊尚昆、江澤民、胡錦濤等等人士雖然基於不同黨派，

但他們都是中國知識份子，他們對於國家建設的思維方式皆大致相同。因此，他們所領導的中國現代化發展的方向是殊途同歸的。因為他們都是中國人，也是孫中山先生思想的追隨者，他們都要以孫中山思想來建設中國，統一中國。

三、只有「藏富於民」，才能「民富國強」── 以儒家思想「德治」中國

　　中國文化與西方文化的立足點雖然不同，但其理學的基礎是一致的。因此中國現代化的方向不是西化，但趨於西化；這是因為中國文化與西方文化有著相通、但不相同的關係，他們之間有著相似而不相同的特質。中國歷史長河*潺潺滾滾*，西方時代巨流浩浩蕩蕩，彼此重疊之處甚多。一九一九年「五四運動」以後的反中國封建主義，反西方帝國主義的思潮應該只是短暫的時代火花；中國經過一段激情衝擊之後一切終將回歸平和、理性，尤其是知識份子的智慧與良知終將凝聚成為中國國家現代化的具體結晶；使「苦難的中國」、「悲慘的中國人」等成為歷史的名詞。若中共回歸中國文化，則中國必定富強，此不是一個幻想，這將是一個事實。

　　中國歷史上的許多殷鑑：法家霸道的思想或許可以「打天下」於一時，但儒家王道的思想確實可以「治天下」於永遠。江澤民曾以「以德治國」為施政重點，令人佩服。孔子也曾說「若遠方不服，則修文德以來之，既來之，則安之」。此不只可贏得國內的政治穩定、經濟繁榮、國泰民安、風調雨順。也可爭取國際關係以保障世界和平，之後有關中國統一的台灣問題當然可以「文化的中國」迎刃而解。反之，那何來中國的平彰百姓、協和萬邦呢？

　　只有「藏富於民」，然後才有「民富國強」。鄧小平的思想是政府要使一些中國人先富起來，然後做到全民的均富，這個看法也是正確的。西方經濟學之父亞當‧史密斯（Adam Smith, 1823-1870）的巨作「國富論」（The Wealth of Nations）的思想中「一隻看不見的手」（An Invisible Hand）要使企業能夠賺錢，但政府扮演著「中立」的角色，然而中國經濟思想則強調政府要幫助人民去賺錢，政府經濟要有積極性的功能。它絕對不是萬能，但沒有政府經濟亦是不能；民間市場經濟不是萬能，但沒有民間市場經濟則萬萬不能。中國經濟，一個小而有效力的政府經濟和一個大而有活力的市場經濟是必要的。

四、以中國文化振興中華 ── 中華民族 經濟騰飛的時代已經到來？

　　孫中山的思想、鄧小平的理論和江澤民的實踐第一脈相承。自從一九八九年六月四日「天安門事件」發生後，江澤民執政的十三年是「中華人民共和國」成立以來經濟發展最成功的時期；這不是天上掉下來的，江澤民功不可沒。孫中山的「救天下」、蔣中正的「保天下」、毛澤東的「打天下」、鄧小平的「治天下」等可一連串起來。而江澤民的歷史地位是否與中國的崛起有關呢？甚值進一步討論。一國經濟發展除了市場經濟一隻「看不見的手」，這是中國經濟發展的「主力」；還是有政府經濟這隻「看得見的手」（A Visible Hand），它是中國發展的「拉力」。另外文化與宗教是經濟發展的另一隻「看不見的手」，它是中國經濟發展的「動力」。中國文化可以振興中華，這個問題，相當重要。這個古老文化的中華

文明一定要使中國擁抱世界，走出世界和貢獻世界。關鍵在
於中共的回歸中國文化。這個前景是甚為樂觀的，因為中共
已經回歸了中國文化，尤其是尊孔敬儒。中華民族經濟騰飛
的時代確實已經到來。

五、中國共產主義的新面貌 ── 孔孟的大同社會主義

　　人類的發展若是從原始主義的社會，發展到封建主義的
社會，再經過資本主義的社會、社會主義的社會甚至於到共
產主義的社會；西方共產主義社會以北歐瑞典為例，人的一
生從搖籃一直到墳墓等一貫化作業的被安排就緒；這是機械
式的人生，已經失去人倫、人性的本質。東方型孔夫子式的
共產主義是「禮運大同」的世界：老吾老以及人之老，幼吾
幼以及人之幼，矜寡孤獨廢疾者皆有所養等等人倫、人性的
關係，輔之於國家、政府的社會安全和福利制度才是人類理
想的境界。因此，中國人在追求中國富強的過程中如何推展
儒家思想的現代化與國際化甚為重要。

結　語
—— 要使中國人有尊嚴的站起來

　　我們要爲找出路，爲中國找希望，爲中國人找前途，爲華人找福祉。一定要使中國人眞正的頂天立地，有尊嚴的站起來。

　　我們認爲兩岸若不交流，台灣沒有出路，大陸若不改革，中國沒有希望；我們也確知中國的希望在台灣，而中國人的前途在大陸。我們努力的取向是立足台灣，胸懷大陸，放眼世界；我們奮鬥的目標在於以中國文化振興中華，以民主政治再造中國，以市場經濟重建大陸；其最終的目的是要以自由、民主、均富統一中國。因此我們要伸張正義與眞理，爲要不平而怒吼。